dig|tus |ndie publ|shers

Contrapuntos VIII

❖

Patiens

Ángel María Rañales Pérez, ed.

**dig|tus
|ndie
publ|shers**

EDITORES INDEPENDIENTES
Monterey, CA

Diseño de cubierta· *Cover Design:* Simón Cuba López.

Editor: Marcos Pico Rentería
Guest Editor: Ángel María Rañales Pérez

First print edition: 2021

ISBN Digitus Indie Publishers: 978-0-9982539-4-7

ISSN 2 4 7 2 - 2 0 6 5 (print)
ISSN 2 4 7 2 - 2 0 7 3 (online)
www.digitusindie.com

ÍNDICE · CONTENTS

NOTA A LA EDICIÓN[1]

SON MUCHOS, Y ATREVIDOS, los autores que auguraron que la realidad superaría a la ficción. Y no estaban tan mal encaminados. Es en los insólitos e inauditos tiempos que corren cuando logramos percibir que no hay mayor ficción como la narración de la propia realidad. Es más, hemos aprendido a prescindir a escala mayor del elemento que ha marcado el desarrollo histórico y cultural: la socialización.

La nueva edición de *Contrapuntos* buscaba en su inicio ficciones de inter-sociabilidad, de movilidad y de prácticas inter-seccionales que acentuaran la irreversible globalidad para así lograr una línea continuista con ediciones anteriores, y, al mismo tiempo, desmarcarse en el trato del tejido textual por su carácter lúdico e interactivo, aunque fuere tangencialmente. Sin embargo, la experimentación definitoria del desarrollo humano a la que el pensador holandés Johan Huizinga se le ocurrió acuñar ni más ni menos como *ludens* - participio presente latino para "el que juega" - se truncó recientemente en favor de *patiens* - o "el que sufre", en su sentido individual y colectivo. Y si bien *Contrapuntos VIII* inició su carrera con otra mira en mente, las circunstancias han llevado a esta nueva edición a proponer un texto curatorial que responde al anhelo de ese espacio social y comunitario de convivencia.

Como ha venido siendo habitual en años anteriores, *Contrapuntos VIII* se aventura con una curaduría fotográfica de mano

---

[1] English version: http://www.digitusindie.com/latido-magazin/

de Indira Yadira Ariana García Varela. En esta octava edición, la sección fotográfica incluye el trabajo de Eunice Adorno, fotógrafa mexicana que transforma su producción artística en un comentario crítico a su respectiva orientación social e histórica. Bajo una selección de parámetros y conceptos fotográficos de diversa índole, el trabajo de Eunice enfatiza la concordia y formaliza su narrativa acorde a un espacio de codificación artística y de teatralidad escénica colectiva que impulsa de forma contundente una llamada hacia la descentralización del desarrollo histórico.

De seguido, la sección literaria entrelaza una selecta gama de géneros, estilos y temáticas que en conjunto consiguen erigir la díscola miríada moral y ética, ora para bien o para mal, que rodea a todo comportamiento, actitud y decisión que nos encargamos de ejecutar y que, a menudo, impacta nuestra capacidad de socializar. La poesía matemática y científica de Radoslav Rochallyi nos reitera la inefabilidad de cada acto, la incerteza e inseguridad a la que nos enfrentamos cotidianamente. A decir verdad, ni la ciencia se pone de acuerdo. Esta incerteza de a dónde nos dirigimos la acentúa la poesía de Ashley A. Arnold mediante el tono reactivo y de denuncia que visibiliza con claridad su voz poética. Una poética visual que activiza al sujeto de habla y que, por coincidencia o no, polariza el *yo* y el *nosotros*, con el *otro* y los *aquellos*. Junto con ellos, Yuan Hongri, y las traducciones de Manu Mangattu y Yuanbing Zhang, apuestan por una poesía más narrativa y distante, considerablemente anclada en la ensoñación positivista que tan necesaria se hace en nuestra era. Escaparse del arraigo que ostentamos de nosotros mismos es a veces la mejor manera de soñar. Y efectivamente es esta la libertad, mas a la vez la peligrosidad de las letras, a la que Francisco Álvarez Koki alude en la pieza final.

Por su parte, los relatos presentes en esta edición complementan y profundizan, con acierto, en la necesidad y transcendencia del espacio social para el devenir. Eric D. Goodman apuesta por una narrativa familiar de suspense, con cierto tono romántico hacia la idea de unión y compañía cercana, un concepto de familia que a sabiendas es más que cuestionable. De su lado, el relato de Miguel Ángel Albújar-Escuredo se lanza hacia la era digital actual, y sin duda del futuro, para reflexionar sobre nuestra dependencia del mundo tecnológico y su insuficiencia e insatisfacción. Como he expresado con anterioridad, ¿debemos fiarnos del progreso? Cambiando tercios, el relato de Sebastian Ocampos incide en la injusticia social y conservadora relativa al rol femenino en lo que tradicionalmente han sido esferas masculinas, lo que todavía resta por superarse. Un mundo en donde los *rara avis* destinados a liderar el cambio se ven arrastrados por una masa social ignorante e indocta que culmina devorándolos. Y ya, por último, Patrick Thomas Ridge y Julián Scher atestiguan la capacidad del acto deportivo y sus prácticas contiguas para establecer verdaderas redes de formación y transformación cultural, capaces de alterar naciones y emociones.

Con todo, el conjunto curatorial aquí presente aúna los acontecimientos más recientes en el amparo de la ficción. En conjunto, se pretende concebir un llamado a adaptar una forma de actuar y de socializar, de vincularse con allegados y desconocidos, de, en definitiva, superar el desafío. Como dicen, *el fin justifica los medios*. Y así es que habitamos un libro que permanecerá en el legado de la historia. Unas páginas que ninguna ficción escrita supo rellenar pero que la realidad sí supo titular. En ella sobrevivimos. Y con ella convive *Contrapuntos VIII*.

Todo lo demás queda a discreción del lector.

Ángel María Rañales Pérez
Lawrence, otoño 2020

EL *DESANDAR* DE EUNICE ADORNO

… la fotografía en la lucha armada se vuelve múltiple y omnipresente. No sólo porque varios de los líderes, notablemente Victoriano Huerta, Venustiano Carranza y Francisco Villa, manifiestan un interés especial por el médium que se adelanta a los mecanismos propagandistas del siglo XX, sino porque la prensa internacional – particularmente estadounidense – obliga a los fotógrafos a organizarse … la fotografía se vuelve ubicua, tanto en lo ideológico como en el terreno concreto de la guerra.
Oliver Debroise, "La fotografía y la historia"

ME PARECE DE LO MÁS PERTINENTE abrir esta curaduría textual y visual con Oliver Debroise, ya que se trata de una de las obras más complejas de Eunice Adorno, *Desandar*. Con esto se quiere decir que, si Debrois desarrolla a través de la historia, tanto fotográfica como social, el aspecto de la fotografía como transformación de lo real y como huella de una realidad, exponiendo el lado consciente del propagandismo; Adorno compone y emplaza al archivo al que Debrois frecuenta en un espacio escénico a través de la búsqueda y la intervención al archivo fotodocumental. Esto de ninguna manera implica que la autora de *Desandar* parta directamente de lo que Debrois propone en su historia de la fotografía mexicana, sino que utiliza el mismo objeto[1] y momento histórico para retroceder, regresar a ese evento y concederle a la mujer el lugar que le corresponde.

No obstante, el modo en el que Adorno expone y abre el lado mujeril en la revolución mexicana complica los estudios referentes al acto fotográfico, al índex y a la verosimilitud. Sobre todo, en lo que concierne a los estudios que intentan entender y descifrar el lenguaje de la fotografía como testimonio y documento. La obra *Desandar* es un ejemplo concreto que requiere pensar el carácter dramático en el medio fotográfico sin dejar a un lado lo que atañe a la verosimilitud

---

[1] La fotografía.

puesto que los elementos dramáticos son tan solo una parte añadida al problema de la realidad en la expresión documental. Por lo que esta curaduría que se deja abierta, con toda la intención de hacerlo, propone responder a una variedad de cuestiones, entre las cuales y para iniciar un diálogo se indican las siguientes: ¿qué es, lo que el proyecto de Eunice propone o pone en evidencia? ¿Cómo y dónde podemos leer la historia a través del *Desandar* que la autora nos presenta? ¿Cuál es su función y cómo se lee en espacios culturales, en el museo o en la galería?

Sin responder con totalidad a estas preguntas, sin finalizar, ni suprimir la lectura del acto fotográfico en contexto de archivo, como el que vemos en *Desandar*, señalar que al incluir elementos dramáticos se replantea este acto fotográfico y de producción como un intento de poner doblemente en escena la fotografía y la historia. Por lo que mi intención, al no decir mucho y cerrar con tres citas sobre la teoría teatral de la Escuela de Praga en esta introducción a la fotografía de Adorno, es incitar a replantear, manteniendo en mente que es tan solo una parte de la totalidad. Tal como en el teatro, en *Desandar*, la actuación, la vestimenta, el escenario y el público mantienen un papel fundamental e inseparable. El desandar del proyecto aquí impreso es repasar frente a las imágenes hechos armonizados en una composición dramática y con una excelente teatralidad para cumplir con su función social en la exposición, poner en escena y conceder un lugar a quienes han estado detrás del telón, casi invisibles.

Al igual que en la exposición llevada a cabo en la Ciudad de México,[2] en las páginas de este libro, *Desandar* circula y se pone en contacto con un público indefinido. Si bien, el aspecto de realidad es importante en *Desandar* esto queda en segundo plano. Adorno desempolva y recupera del archivo para ponerlo en distintos

---

[2] *Desandar*, Exposición en FotoMéxico 2019, sede: Museo de la Ciudad de México 31 de octubre del 2019 al 06 de enero del 2020. Curaduría: Allegra Corder di Montezemolo, asistente de curaduría: Elizabeth Cadena.

escenarios, la actuación en ellos, como bien lo dice Otakar Zich en "Estética del arte dramático. (Selecciones) el concepto de arte dramático," no implica una falsedad: "[e]sta representación o "actuación" es (como cualquier acción en la vida) acción real: requiere decir que es llevada acabo por personas reales (actores) en un espacio real (la escena) y que la acción se desarrolla en un tiempo real".

La indumentaria urbana y rural como traje típico posee varias funciones: práctica, estética y, en frecuente asociación con esta, función erótica y mágica.
Petr Bogatyrev, "El traje típico como signo: El método funcional y estructural en la etnografía"

En la escena, la intención artística solo puede ser encarnada, mas no explicada.
Jan Mukarovski, "Sobre el estado actual de la teoría del teatro"

El "público teatral" en general es todavía una noción demasiado amplia y relativamente abstracta: cada teatro, especialmente si está definido con una corriente estética bien definida, posee su propio público, el cual conoce el perfil artístico de este teatro, acompaña a los actores de una obra a otra y de un papel a otro. Este es un requisito importante para la relación activa del público con el teatro y de allí va uno de los caminos más fáciles para "involucrar al espectador en el juego".
Jan Mukarovski, "Sobre el estado actual de la teoría del teatro"

Indira Yadira Ariana García Varela
Entre Ares y Santiago de Compostela, noviembre 2020

Acto I

Serie I: Collages

Se trata de una serie de collages que son construcciones hechas a partir del desperdicio de papel del mismo archivo. Estas piezas se componen de pedacería de fotos y texturas; sus formas siguen ciertos patrones de los residuos del archivo de las mujeres; sus formas siguen ciertos patrones de huellas sobre huellas. De este modo se forman ciertos trazos y, con estos, pareciera que el archivo también va tomando otras narrativas.

La idea de estas construcciones es repensar la documentación de las mujeres en el tiempo y cómo, desde la abstracción, sus huellas pueden volverse otras formas, otras posibilidades.

Cuando son expuestos, estos collages van acompañados de documentos que son reprografías de los originales. Se trata de contraponer la ficción y la realidad, así como de advertir cómo el archivo mismo se ha extendido a otros lenguajes. Y posibilidades, cómo éste se ha desplegado en diferentes maneras.

Eunice Adorno

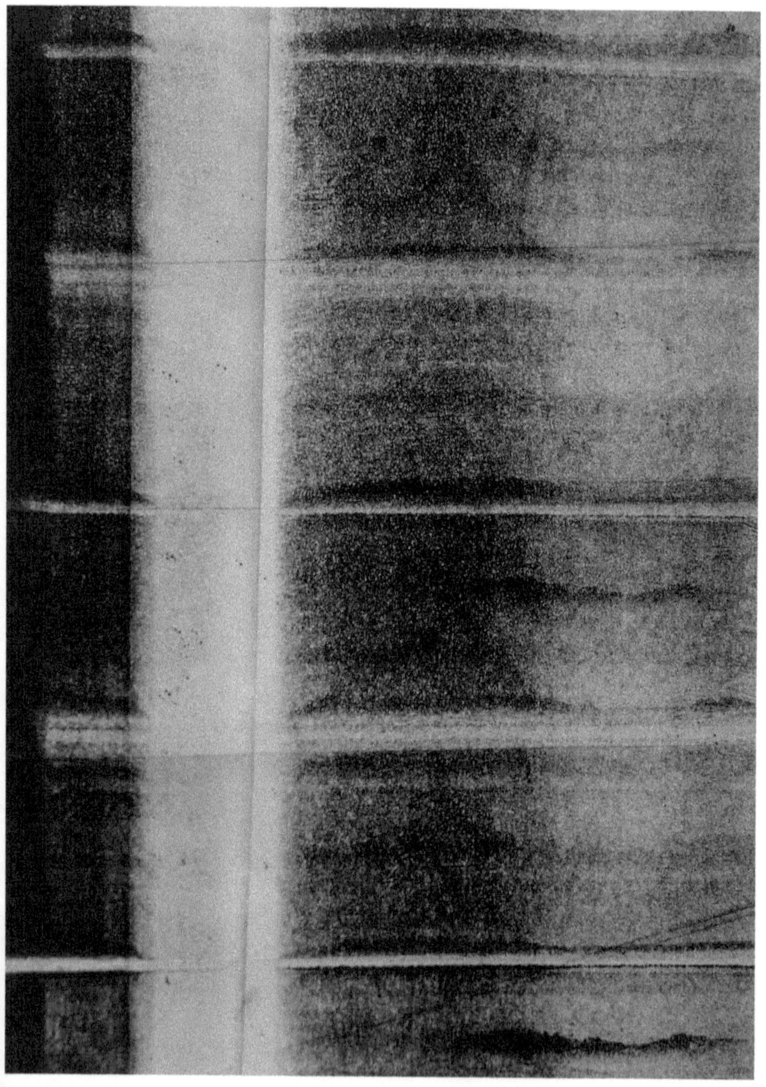

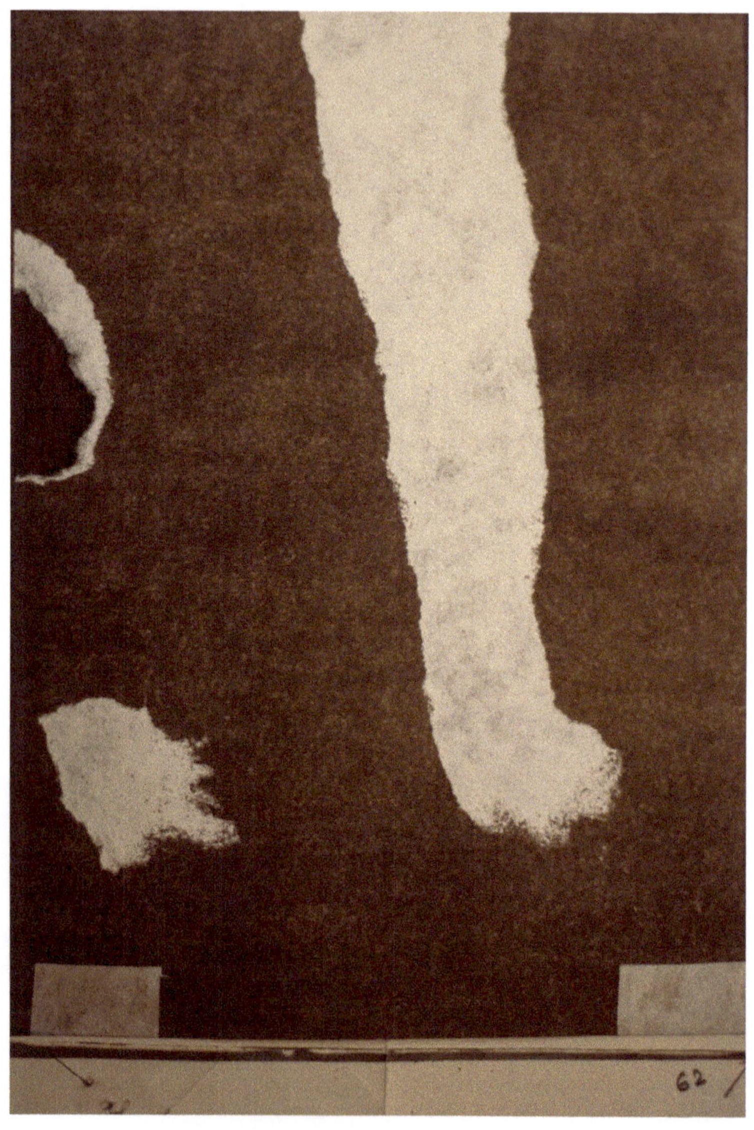

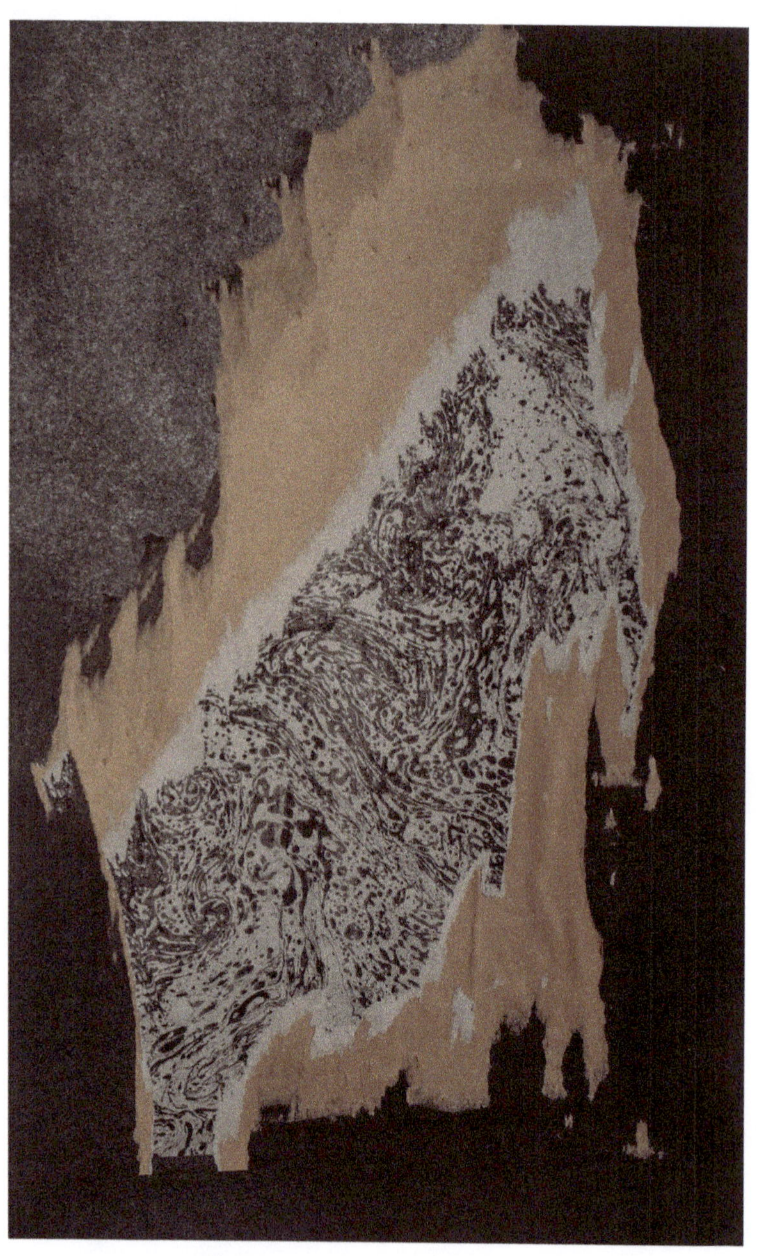

Acto II

Serie II: Manchas

A partir de todo el archivo encontrado, he estado reconstruyendo y rescatando las formas abstractas de estos documentos, resaltando su calidad plástica, lúcida y pictórica.

A aquellos documentos con registros de archivo – como números, nombres, fragmentos bibliotecarios – he buscado quitarles esa información, para así abstraerlos y dejar únicamente el rastro del deterioro en que se encuentran, resaltando el descuido y la incisión de algunas fotografías.

Las manifestaciones más claras del abandono, las retomo y las hago más visibles a lo largo de esta serie, en donde sólo queda la forma. Para mí, tales formas representan la identidad rebelde y del reclamo frente al olvido de las figuras de estas mujeres.

Eunice Adorno

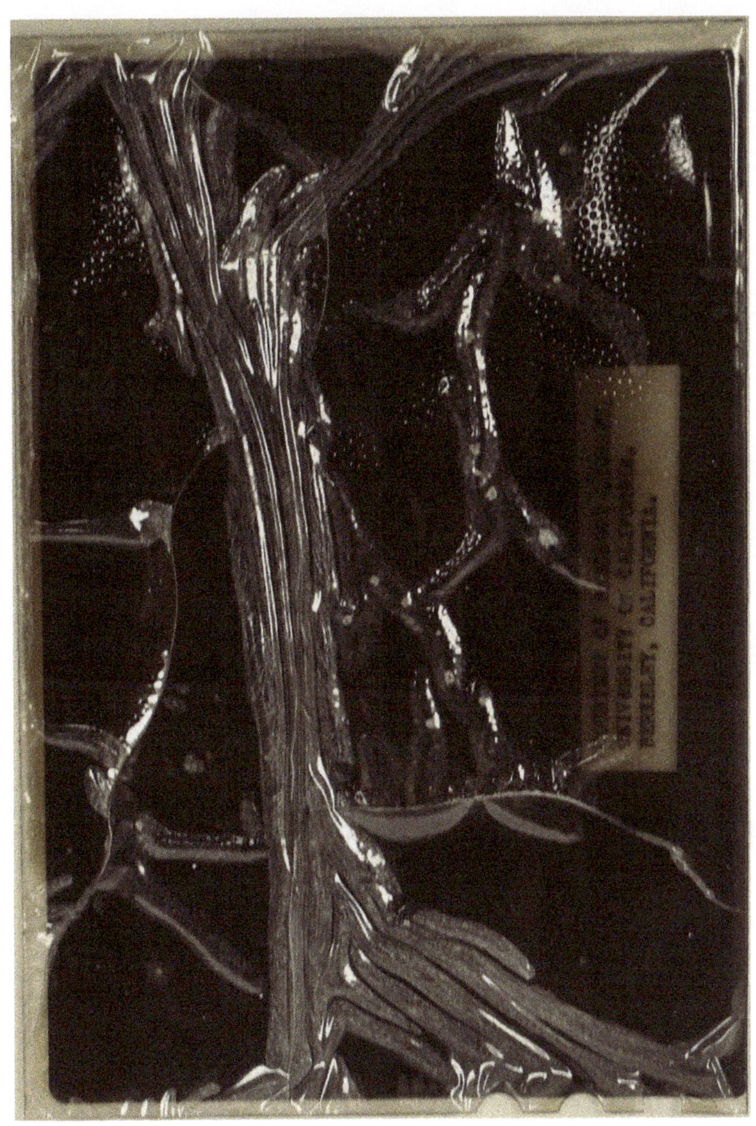

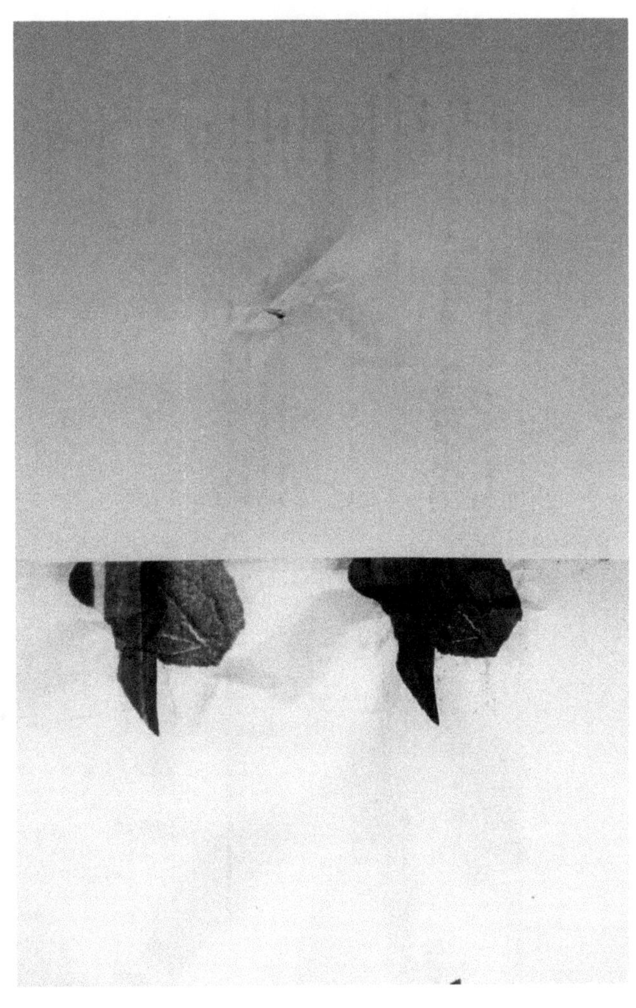

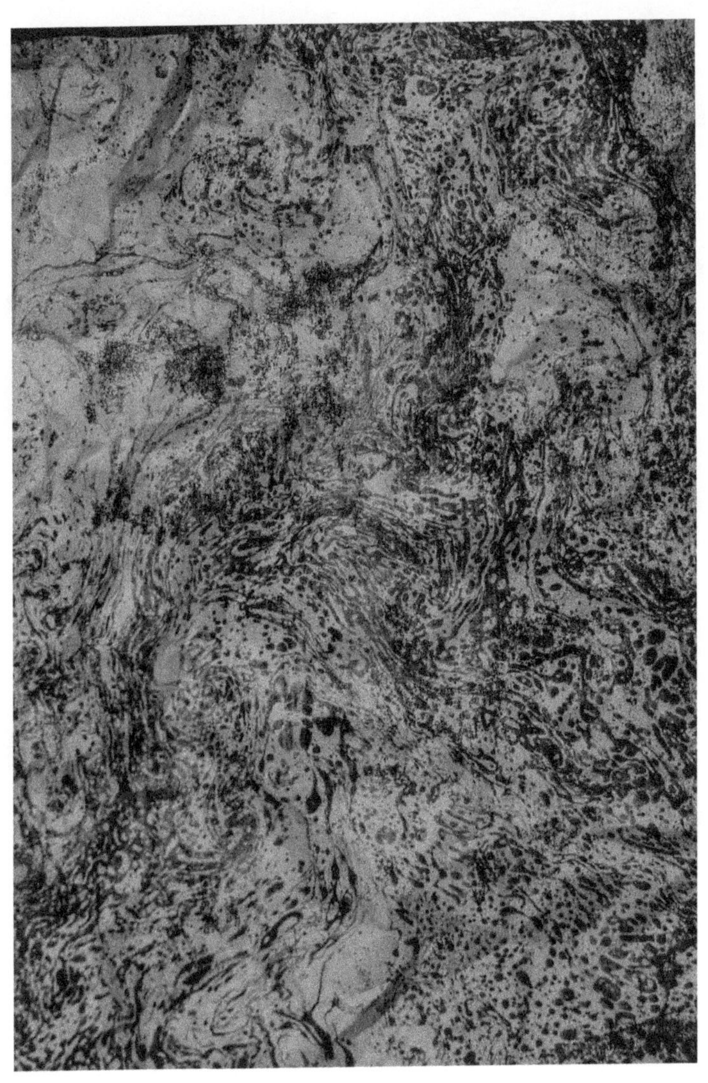

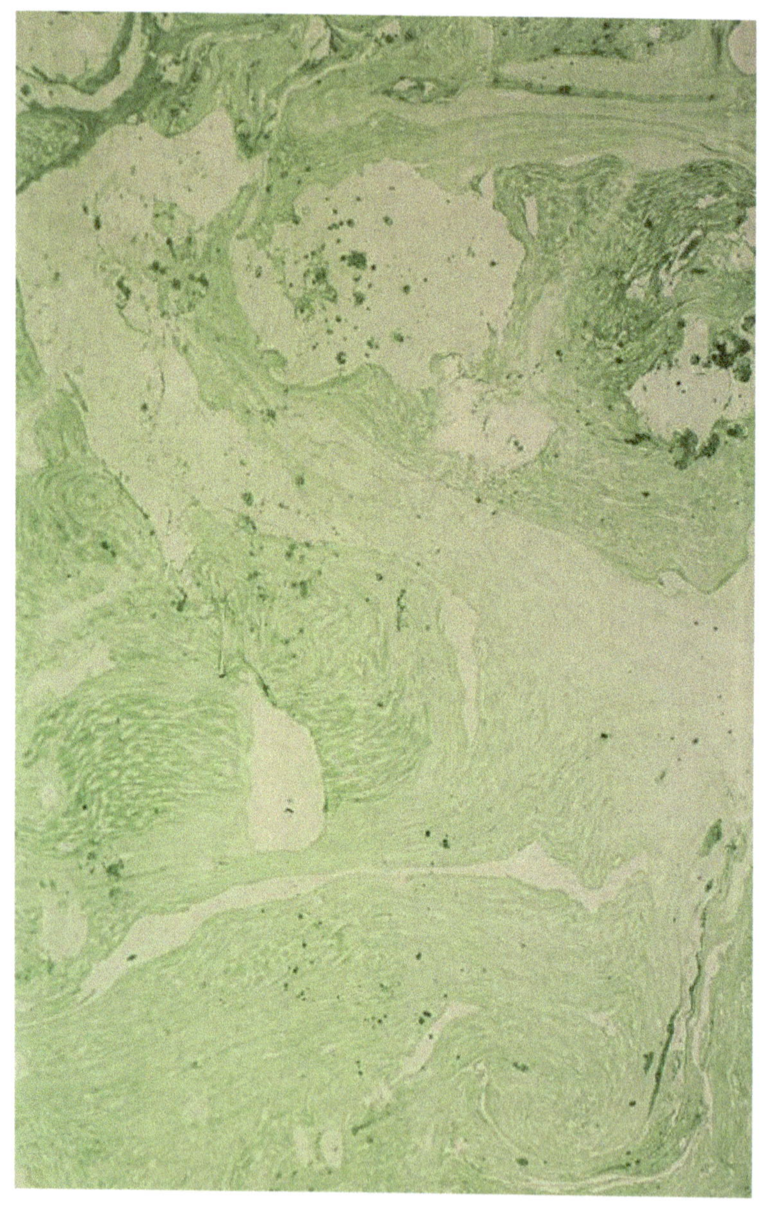

Acto III

Serie III: Cajas de Luz

Se trata de una serie de retratos impresos en mimeógrafo, en los que trabajé con la sobreimpresión y la superposición. Esta serie va montada en cajas de luz, de forma que las texturas del papel resaltan. De esta forma, si ciertos documentos del acontecer de las mujeres han sido arrinconados con el tiempo, este grupo de imágenes es la respuesta: la respuesta que va, de la opacidad de la historia, a la luz.

Eunice Adorno

Un reproche sangriento a la obra liberticida de Porfirio Díaz.

Balcón izquierdo: de izquierda a derecha: Federico Pérez Fernández.—Santiago de la Hoz.—Manuel Sarabia.—Benjamín Millán.—Librado Gutiérrez y Gabriel Pérez Fernández.

Balcón derecho: de izquierda a derecha: Antonio Díaz Soto y Gama—Rosalío Bustamante.—Tomás Sarabia.—Librado Rivera.—Ricardo Flores Magón y Enrique Flores Magón.

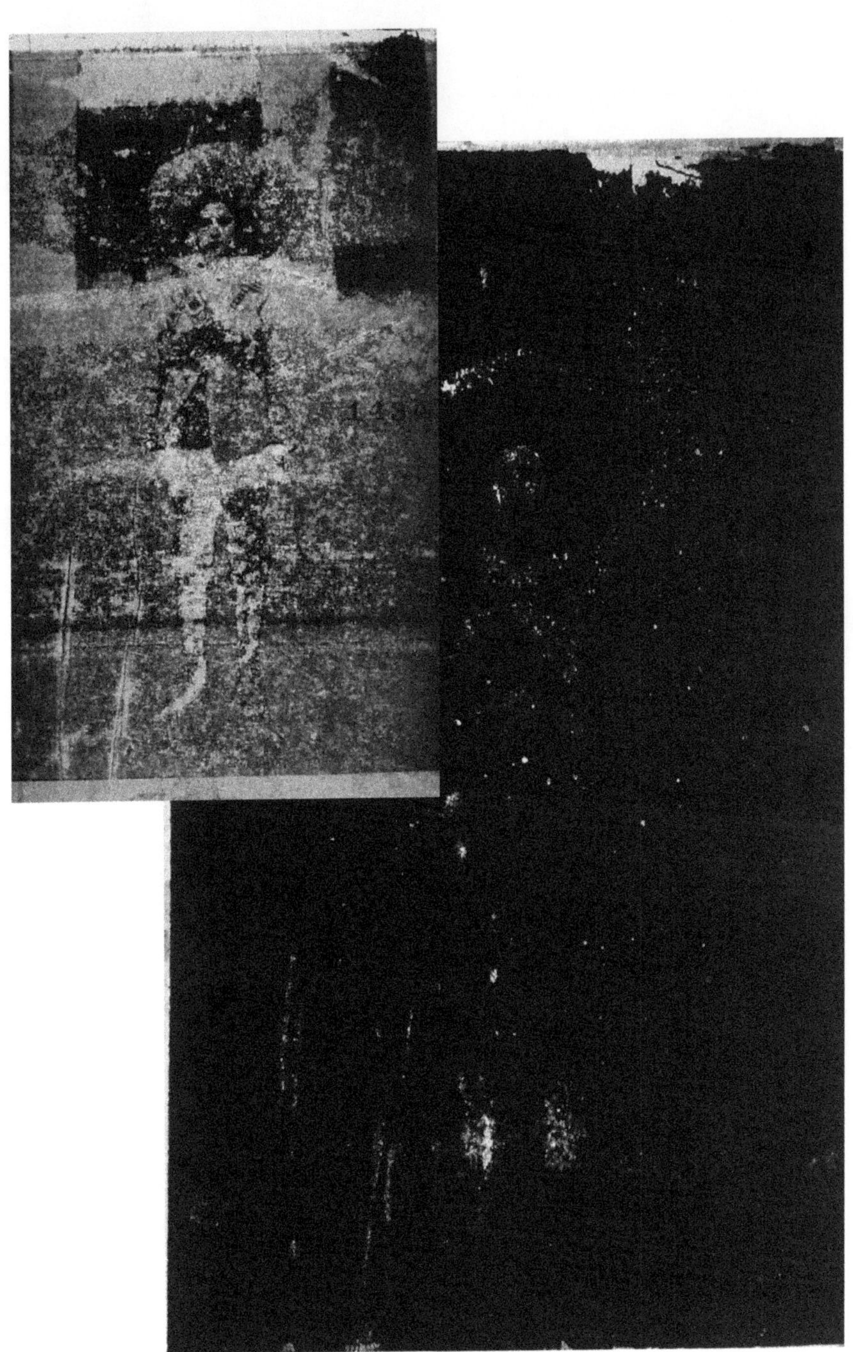

and Teresa Villarreal, sisters of Anton Villarreal, the revolution
arrested several times and came near being put to death. T
conducted La Generacion, a revolutionary paper, in St. Louis,
supposed to be fighting in men's clothes in Mexico now, w
raising funds and attending to the work of organization. Sara
of the editors of La Generacion.

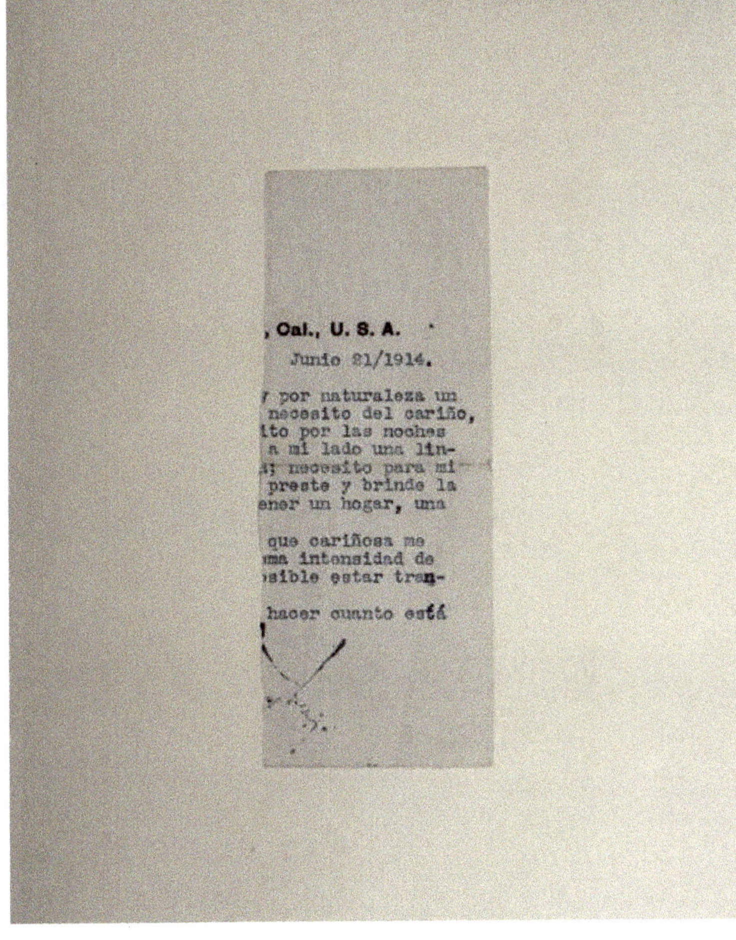

, Cal., U. S. A.

Junio 21/1914.

por naturaleza un
necesito del cariño,
ito por las noches
a mi lado una lin-
; necesito para mi
preste y brinde la
ener un hogar, una

que cariñosa me
ma intensidad de
sible estar tran-

hacer cuanto está

St. Louis, Mo. Junio 16/05.

Sr. L.A.Aldaco.

            Chínipas, Chih.

Estimado Señor:

        Acuso á Ud. recibo, con las debidas gracias, de la canti-
dad de $ 3.00. Plata, que se sirvió Ud. remitir con su grata
fecha 23 de Mayo, en pago de su suscripción hasta Agosto
próximo.

        Deseo seguir extendiendo la propaganda de nuestras ideas
y le suplico me proporcione los nombres que conozca de per-
sonas liberales que puedan suscribirse á este periódico.

        Le anticipo las gracias y quedo de Ud? muy afmo. á
S.

        [...] le suplico que si no
le es molesto, me proporcione los nombres que conozca de per-
sonas liberales que puedan aceptar este periódico, pues deseo
seguir extendiendo la propaganda de nuestras ideas.

        Le anticipo las gracias y quedo suyo atto y S.S.

el ofrecimiento de cubrir próximamente su valor.

        Espero los datos que me ofrece, y creo podrá aprovechar.

        Le agradezco infinito la lista que adjunta con su citada
haciendo la molestia que me permití inferirle; y quedo á sus
órdenes como su afmo y atto S. S.

Copia del contenido en una tarjeta postal de Andrea
Villarreal,para su hermano Antonio.

Querido hermano:

Hace mucho que no recibimos una carta tuya.Mr.Shoaf
dice que estas muy gordo.¿Es cierto? Papá quiere escribirte una
carta muy larga,dice que á él no le llevan las postales.

Si alguna vez puedes escribir dirige tu carta á 1004
E.Gorr.

Á nosotros nos están entregando la correspondencia que
nos llegue.Desde los días últimos de Diciembre está próspera en-
fermo de reumas y no ha podido aliviarse.

Mi tia te saluda.

Adios.

Andrea.

Con el anverso

¿Cuándo te llevarán para Arizona? El District
Attorney de El Paso nos dijo que también irán á El Paso.Lo
vimos en el trial de Araujo.

BELIEVE/INSANE

Radoslav Rochallyi

32

$$\frac{\int_{Sour}^{Sweet} The\ Ultimate\ Soul}{\nexists - quantification} ^{-(of\ myself)} = \frac{try - jump}{...\sqrt{into\ \pi}}\ the\ ^{-\frac{(cold - \mu)^2}{breath^2}}$$

NOBODY IS INTERESTING

Radoslav Rochallyi

$$the\,(pattern\,of\,all)=\sum_{i=0}^{\infty}\frac{Don\,'t^{(rush)}(the\,falling)}{Flying\,is+beautiful\,!}We^{fall}$$

AZIMUTH

Radoslav Rochallyi

$$\frac{The\ river\ of\ time\ is}{always\ moving\ forward} = \sqrt{the\ illusion \otimes of\ movement}$$

US MASS CHASE

Radoslav Rochallyi

35

$$\langle nobody\ wants\ talk \langle\langle\langle\langle\langle\langle\lambda|those\rangle|who\rangle|shout\rangle|remain\rangle|U\rangle|S\rangle|\forall\rangle$$

I WAS KICKED

Radoslav Rochallyi

I was kicked in the ass by coincidence. But I don't believe
in coincidence.

$$i\ i\ i\ i\ i\ i\ i\ i\ i\ i\ i\ i\ i\ i\ i\ i\ i\ i\ i\ i\ i\ i\ i\ i\ f_i\ c\ k_{=} \quad I'm\ looking\ for\ facts \Big/ but\ I\ don't\ see \Big/ any\ facts$$

it   is
i
i
i
!

EVENING STROLL

Eric D. Goodman

THE MOON SHONE full in the clear sky. The perfect evening for a walk. Elise and her two children put on their shoes and went to the wooded area behind their house for an after-dinner stroll.

"Look, there's the Big Dipper." Elise pointed. "And the Little Dipper."

"Isn't one of them supposed to look like a bear?" asked her son, Colin.

"Well, I think the tails of the bears make up the handles of the dippers—the Great Bear and the Little Bear. Connect the dots and you can make a lot of shapes. You can even make up your own constellations."

"Cool," Colin said.

It *was* cool, nearly chilly. And it was *cool*, in the way that Colin meant it, for them to hang out together. So many of Elise's friends with ten and twelve-year-olds had already been deemed "uncool" and their kids didn't want to be seen with them. Her kids still wanted to go for evening walks with her.

Ally, her daughter, noticed the animals first, darting out from the edge of the forest abutting their property. Birds scattered from the treetops above the three silhouettes. At first they took the trotting figures to be dogs, a few strays from a nearby farm or home. But it soon became obvious that these were not dogs; they were wolves. And regardless—dog or wolf—they were not friendly. Ally broke the evening's silence with a shrilly scream.

Elise knew that wolves were social animals; showing the alpha who was boss might drive the wolves away. But when the alpha wolf snapped at her ten-year old son and when she saw the blood gushing from his leg, Elise lost all rationality. She forgot what she knew: that screaming and crying and running would show the wolves weakness instead of driving them off; that wolves were smart enough to hunt for vulnerabilities in prey, like going for the youngest and weakest prey first.

The wolves had approached slowly, but with purpose. The alpha stood in front of the pack, his eyes flitting from Colin to Ally to Elise and back to Colin. The alpha attacked first, aided by the other two.

Elise didn't know what to do. Blood rushed to her head as she watched the wolf bite Colin's leg. The two other wolves bit into Colin's other leg. The alpha jumped up and clamped down on Colin's forearm, slipping off after shredding his flesh. It wasn't one dog to one person; it was every dog to whichever human the pack focused on at a given moment. If Elise and Ally had been lesser animals, they may have fled and left the weakest link here to be dinner for the pack. Instead, Elise launched a counterattack, and Ally followed her lead. The two women kicked and screamed at the wolf as it latched onto Colin's lower leg, opened for a better grip, and latched on again, splattering blood on the dark grass.

"Get away!" Colin screamed.

Elise needed to avert focus from her son. She kicked a wolf in the side, then all three wolves turned to her. They snarled at her with blood-stained teeth and bore into her with intense eyes. The alpha clamped onto Elise's leg and the companions did, too. Elise cried out at the sting. Her son took his opportunity to run, and as they bit her, she could feel the pain Colin must be feeling as he tried to move through the injuries. As quickly as they'd attacked her, they turned to chase her limping son, perhaps encouraged by the trail of blood he left in the grass. The snarling wolves snapped at the backs of his legs and bit his hips and butt. Ally picked up a stick and clobbered one of the wolves in the side. The animals counterattacked, biting the offending arm and hand. When Colin took his turn, throwing rocks at the wolves and drawing them back to him, Ally ran out of harm's way.

"Call 911!" Elise screamed at Ally. Thank God, Ally had her cell phone with her, even though Elise usually encouraged her to leave it behind so she wouldn't be distracted by texts from her friends during their walk. Ally called 911 and Elise charged toward the wolves, drawing them away from Colin with a yell and a running kick to the side. A wolf yelped, but quickly joined the other two in attacking her.

"Go!" Elise yelled. She wished her children would run to safety and let her contend with the wolves and their stinging teeth and claws. But her kids wouldn't leave her. They fought the wolves as a family, just as the pack stuck together in their attack. Two families of three, fiercely fighting. Her yoga pants dripped with blood and where her legs did not sting, they felt sticky. The wolves bit into her fleshy calves and threw their heads from side to side in efforts to bring her down. She and Ally and Colin kicked the wolves in the heads and underbellies, hit them on the backs and in the sides and on the heads with heavy tree branches and rocks. The fur around their mouths and on their front legs were matted with blood. The wolves were weakening.

By the time the police responded to their call, they had more or less driven the wolves off. The wolves were still here in the large field at the edge of the woods, but it was as though the wolves had taken a break to reconsider. Fight or flee? After all, this wasn't the vulnerable, weak kill they had expected.

Fight or flee was no longer an option when the police arrived. The two policemen—Toby and Tom, she would later find out as they introduced themselves at the hospital to take a report—opened fire on the wolves with their assault rifles, and the wolves fell. Elise was afraid to look closely at her legs, afraid to touch her deep wounds. But she inspected Ally and Colin to see if pressure needed to be applied.

"We made it!" Elise smiled at them and placed her sticky red hands on their heads, bringing them in for a hug. "We're going to be all right."

By the time the ambulance arrived, the whole ordeal hadn't taken more than fifteen minutes. It seemed like hours.

It was only later, in the ambulance, that Elise would find time to question why wild animals would attack humans. *Isn't it easier and more natural for wolves to go after smaller animals, like rabbits and squirrels, perhaps deer or foxes?* She didn't suspect there were many wolf attacks on people. None that she'd ever heard of. *Wolves tend to avoid humans.*

In the hospital, she learned of the news she had not yet seen break—exotic animals on the loose. These were not wild animals after all. They didn't see people as a threat.

"They most likely came to you, originally, with the intention of asking for food, accustomed to being fed by humans," Leland Anders would later explain to her on his television show dedicated to their experience. "But when you started screaming and running— a perfectly natural reaction, by the way—the wolves saw you as prey. And that's why they attacked. It's unusual for wolves to attack people. But you're lucky that you were together, that you *stuck* together, and that you were able to save each other."

"We always have worked as a team," Elise said proudly during the show. They had always been close, but she felt that now, after the terrible incident, they were closer than ever. Shared tragedy had strengthened them.

At the hospital, all three of them were treated. Between them, they had two hundred and forty-eight stitches. Poor, ten-year-old Colin had the most: one hundred and forty-two of them. They had to stich two layers of muscle and the skin in each calf, thigh, and buttock. "I won't be able to sit for weeks," he griped from his hospital bed. Elise and Ally needed stitches on their legs and arms.

"I'm lucky to have such wonderful kids," Elise said in one of many interviews that would come in the days to follow. "They could have turned, running and scared. But they stayed with me, and together, as a family, we were able to drive them off."

Lucky was a strong word, and perhaps the wrong word, Elise sometimes considered. Her injuries ached, and she knew the pain was worse for Colin. Elise was scared to death, traumatized by the attack. There had been talk, in the months before the wolves struck, of getting a family dog, but that wouldn't happen anytime soon. Only time would tell if and when they'd feel brave enough to go for a hike in the woods or a walk in the park again. She didn't even want to step into her back yard, having fallen into the habit of going from house to garage to car to urban destination, seldom coming into contact with outdoor areas that did not come lined with concrete and steel.

But Elise had her family. Her pack kept her going.

LA APP

Miguel Ángel Albújar-Escuredo

EN SANTIAGO HABÍA UN CEO que tenía codicia por aprender el arte de la especulación. Una mañana temprano buscó en su AppStore hasta encontrar una aplicación adecuada, vio una bautizada "Nigromante", le gustaron las reviews y decidió bajarse una versión de prueba. Nada más iniciar la aplicación le dio la bienvenida un avatar viejales que leía en una biblioteca ambarina: sonrisa catatónica, ojos cristalinos y barba de algodón. Le rogó que se quedase con él y le spameó con anuncios de relojes. Después de un vistazo, el CEO le confesó la razón de aquel acceso y le pidió las cotizaciones segregadas en tiempo real. El avatar le dijo que lo había linkedinado, sabía de su buena posición, sus fortalezas y filias, así como sus fobias y debilidades. Le ayudaría, si firmaba un contrato de reciprocidad. El CEO aceptó los términos sin estudiarlos y accedió al software de "Nigromante". En ese mismo momento parpadeó y apareció, fugaz, un contador rebosante de cifras en descenso. Logaritmos esmeraldas empezaron a gotear sobre sus pupilas, brillantes tajos de lecho monetario.

Un año después, al mediodía, mientras repasaba la cartera de valores, llegó un e-mail remitido desde la Casa Real por el Rey mismo en el que le comunicaba que el Ministro de Economía había tocado suelo en las encuestas, que lo nombraban para el cargo y que no se molestase en anunciarlo en rueda de prensa, ya se encargaría la Moncloa. A los diez minutos timbraron dos guardaespaldas elegantísimos, lo saludaron como "Señor Ministro" y le comunicaron que un Audi lo estaba esperando enfrente del portal para llevarlo al ministerio. El avatar, una vez vertida toda la información a su matriz, se dirigió con mucha alegría al nuevo funcionario y le pidió por primera vez que cumpliera su promesa. El ministro le hizo saber que todavía tenía necesidad de

"Nigromante" y ahora lo usaría en su nuevo cargo.

El ministro en apenas dos años consiguió una aceptación insospechada. Una tarde recibió un mensaje de la canciller alemana, instándole a aceptar la presidencia del Banco Central Europeo, ya que el anterior presidente había caído en desgracia ante la opinión conservadora del Bundestag. Unos tipos con maletas negras montados en un BMW lo recibieron al aterrizar en Frankfurt, le hicieron la corte y lo instalaron en la última planta de la Skytower, donde le entregaron los códigos de la institución más grande del continente. El avatar, una vez vertida toda la información a su matriz, se dirigió con mucha alegría al nuevo alto funcionario y le pidió por segunda vez que cumpliera su promesa. El presidente le hizo saber que todavía tenía necesidad de "Nigromante" y lo seguiría usando en su nuevo cargo.

Una noche, años después, mientras asistía a unas conferencias en Washington, el presidente del Banco Central Europeo hojeaba las características del nuevo Mercedes que se acababa de comprar cuando recibió un tweet insospechado: había muerto el Director General del Fondo Agorero Internacional. El presidente de Estados Franquiciados estaba a punto de anunciarlo a él como sucesor. En apenas unos segundos se hizo oficial, el antiguo CEO era el nuevo líder de la institución financiera más importante del mundo. El avatar, una vez vertida toda la información a su matriz, inmediatamente se apareció ante el humano y le pidió por última vez que cumpliera su promesa. El Director General le amenazó con el reformateo, recordándole que solo era una aplicación y que no tenía derechos de ningún tipo. El avatar le pidió entonces que al menos hiciese publicidad de "Nigromante" y reconociese que lo había estado usando todo el tiempo; el hombre no accedió. En ese momento, el avatar, quien había perdido forma humana y ganado masa numérica, le mostró el contador poblado de ceros y los logaritmos esmeraldas se apagaron. El CEO se dio cuenta que no estaba en Washington ni en Frankfurt ni en Madrid, sino en su despacho de Santiago. "Nigromante" se despidió con una sonora ventosidad. El fulano pasó el resto de la mañana, la tarde y la noche del mismo día buscando de nuevo la aplicación, pero no pudo encontrarla. Misteriosamente desde entonces ningún programa informático le ha funcionado correctamente.

del mismo día buscando de nuevo la aplicación, pero no pudo encontrarla. Misteriosamente desde entonces ningún programa informático le ha funcionado correctamente.

THE PUPPETEER

Ashley A. Arnold

45

THE SOLDIERS WHISTLE

I point to my ears
to indicate their inability

They talk
while
We listen

quietly, pretending not to. Our ears are
our defense and our downfall.

We defend,

They arrest.

Silently protesting in a poor community
to soldiers brainwashed by the house of
money.

Silent in an effort to be heard.

OPERATION: VASENKA

Ashley A. Arnold

IN RESPONSE to Deaf Republic

"men, you're here to help"
we're here to help
we're here to help
we're here to help

        I'm not sure how I got here
but there's no going back now

        It was **just one boy**

        Silence

             bombs

                       etcetera

we're here to help?

PREGNANT LULLABY

Ashley A. Arnold

47

ONE \
day the \
world will \
be yours but\
you must face \
sexism, classism,\
rape culture, a dis- \
ability, discrimination.\
Oh, Ashley Ann, where)
is your job? Have you /
tried LinkedIn? Why /
did you get a deg- /
ree? The world /
should be /
yours. /

THIS IS SEXUAL LIBERATION

Ashley A. Arnold

I FEEL LIBERATED
    Not after we are spent—

                But in the act of saying no
                To a man whom I do not care for.

But who am I to call myself

                      untouchable?

THE MOST IMPORTANT THING

Ashley A. Arnold

GOES ON TOP

I was told

honor
the
content

//The most important thing to one
person may not be the most
important thing to you. I hate the
feeling of freshly shaved armpits
and how they sweat so easily. But
there are things more important
more important than the hair on
my body.

The bees are dying.

THE PROMISCUITY OF WATER

Ashley A. Arnold

50

AS FALL FADES, cuffing season comes to a close. This distance from home has me feeling rather nostalgic. I call up my former sweetie who was never really my sweetie, just a man who really loved me. I think he would've married me if I hadn't been a 17-year old careless bitch. He asks me how I'm doing. I'm doing great, which isn't a lie. The people here love me! Although I'm not sure why. I ask him about his sweetie. He says he really loves her, then tells me he's going to propose. He asks me how I feel about that. I pretend not to care. How can I? It would be selfish of me to ask for every man's affections without reciprocating. In all honesty, I want him to love me forever, but I could never say that out loud. He tells me he has sworn off white women forever. For some reason I do not believe him.

SIN MELISSA

Sebastian Ocampos

DESDE EL INCIDENTE no volvimos a hablar y desde que regresó al barrio nunca nos hallamos en un mismo lugar. Esta noche, sin embargo, la veo entrar con una chica en el bar. Busca la mesa centrada frente al televisor que transmite una final internacional de fútbol, me ve en la mesa contigua y hace lo mismo de siempre: mirarme de pasada como si fuera un extraño más.

Nuestras vidas adolescentes cambiaron cuando llegó al barrio. Antes de Melissa, jugábamos al fútbol por jugar, por diversión, por falta de otras opciones, por simple pasatiempo, con una leve competencia entre algunos. Con ella, quienes nos considerábamos habilidosos supimos que sólo podríamos demostrar cuán buenos éramos si le ganábamos. Ni Osmar ni yo queríamos jugar en su equipo, y nos veíamos en la necesidad de sumar fuerzas, aunque no nos agradásemos del todo, con el único objetivo de vencerla, porque el equipo contrario era ella. Los demás carecían de importancia.

Muchos escribimos la historia de los partidos. Sabemos que las pocas victorias a nuestro favor se dieron porque la lesionamos, a veces adrede (en el caso de Osmar), a veces por impotencia (en mi caso): así se reacciona ante quienes juegan al fútbol como si no existiera nada más importante en el mundo, dominando la pelota y el terreno de juego, practicando de día y noche en cualquier lugar: la cancha, la placita, la calle, su casa. Esa fue una lección para todos, que yo aprendí años después, aceptando mis limitaciones futbolísticas y dedicándome a las letras con la esperanza de que algún día pudiese escribir con el mismo virtuosismo con que ella se adueñaba de la pelota y la llevaba imantada al botín, gambeteando entre adversarios y acostando al portero con un amague, para dejarla elegantemente contra la red.

Quizá esa su característica más femenina en el juego: no necesitaba recurrir a la violencia del disparo; casi siempre se le hacía fácil esconder la pelota del resto hasta volverla visible con una jugada digna de grandes relatos radiales, en los que la sensación inminente de gol era transmitida en cada movimiento hacia la portería, por más de que el jugador aún estuviese en la media cancha. A ese talento de movimiento ágil, ahora que lo recuerdo, debemos agregarle sus tiros libres combados, sin tomar carrera: escogía uno de los cuatro ángulos, daba dos, tres pasos, miraba la pelota y la pateaba acariciándola con fuerza, levantando al segundo las manos, ante nuestros ojos maravillados y humillados por la nueva derrota moral.

La otra lección que nos dio también tardé en reconocerla. En estos años es común ver a las mujeres jugando al fútbol. Las instituciones educativas y los clubes deportivos lo promueven entre sus alumnas y socias. Dos décadas atrás, en el año del mundial perdido por Roberto Baggio, cuando ella llegó al barrio y nos deslumbró como futbolista, la realidad era totalmente distinta. La primera oposición fuerte se encontraba en su familia, que le repetía una y otra vez que el fútbol era cosa de varones, y que con su belleza, su rostro lindo y su cuerpo volviéndose cada vez más atractivo, no era recomendable que jugase con nosotros, pues terminaría lastimada, con moretones en todo el cuerpo o con peores lesiones. Eso nos va a hacer quedar mal frente a los vecinos, porque una chica no tiene que estar a solas con los chicos, le decían. Desgraciadamente, su familia y los demás tuvieron razón en el último punto, en el peor punto, que antes del incidente parecía un sinsentido.

Todos echamos la culpa a Osmar, el causante y responsable de los chismes dispersos en el barrio, pero la verdad es que él sólo abrió el camino que algunos recorrieron sin que nadie los obligara y que otros no impedimos. Nos dijo que ya había tenido sexo con Melissa y que, si quisiéramos, podía lograr que también lo tuviera con nosotros. Un amigo sirvió de testigo, afirmando que eso era cierto, que lo había visto con ella. A Melissita le gusta coger, agregó Osmar al rato, con una sonrisa arqueada de seguridad y orgullo, típica de él.

Si lo hubiera dicho otro, por más de que contase con alguien de respaldo, nadie le hubiera prestado atención. Al decirlo él, la cuestión cambiaba: era el mayor del grupo, el de la voz profunda, el del cuerpo adulto, con piernas y axilas vellosas, el bebedor de caña (con sus compañeros de colegio), el que cada tanto se exhibía con una chica distinta como novia. Su palabra en ese tema no era cuestionada. Nos indicó qué haríamos esa vez: iríamos a la cancha, la esperaríamos, jugaríamos como siempre, él nos invitaría a tomar algo…

Y sucedió así, aunque todavía parece irreal. Cuando la besó, me pregunté si eso en verdad estaba pasando. La acción transcurría rápido. Con una mano le tocaba los pechos y con la otra hacía un gesto para que los demás nos aproximáramos. Uno fue a manosearla. No tardaron en desvestirle la remera, el corpiño, el short… Osmar se puso de pie, se bajó el pantaloncito y le pidió que le chupara la pija. Ella, de rodillas, se le quedó mirándolo; y nosotros, expectantes. Al no reaccionar, le tomó del pelo con las dos manos y prácticamente hizo que la engullera. Mientras la movía, con fuerza moderada, nos ordenó que esperáramos nuestro turno. Más de uno se desnudó a toda prisa, aguardando con el pene en la mano. Los otros no sabíamos qué hacer. A todos nos gustaba, pero a algunos esa situación nos incomodaba. Un amigo se atrevió a decir que ya debía irse. Los vestidos nos unimos a su despedida y nos retiramos, intentando desoír los gritos de Osmar llamándonos maricones de mierda. Pasado el tiempo comprendí por qué en ningún momento nos pidió que no habláramos de eso con nadie.

Al día siguiente me enteré del desenlace. Nunca hubiera imaginado que Osmar llevaría consigo la ropa de Melissa y que los demás la abandonarían en la cancha con nada más que los botines puestos. Unos amigos me contaron que ella esperó hasta la madrugada para ir corriendo a su casa, seguramente rogando que nadie la viera en la calle y ansiando entrar en su cuarto en silencio. Pero la mamá estaba preocupada por ella, a pesar de que el papá le decía una y otra vez que llegaría en cualquier momento. Y llegó, despojada de prendas y palabras, confirmándoles lo que se murmuraba en el barrio, los chismes que el propio Osmar había hecho correr, cultivando esa infamia. Ahora, décadas después, suena inverosímil, terriblemente absurdo, que sólo el padre se hubiese indignado, buscando y amenazando de muerte al principal culpable, refugiado en su casa, protegido por sus familiares. Ellos lo defendieron: ¡Esa chica luego andaba haciendo groserías desde hace rato! No hubo denuncia policial ni nadie más que saliese en defensa de Melissa. Y todos los involucrados perdimos algo de nuestras vidas en ese juicio injusto, que terminó por condenarla a vivir varios años en la casa de una tía en la capital de un país vecino.

Su exilio nos afectó. Sin que habláramos de eso, dejamos de jugar al fútbol durante no recuerdo cuánto tiempo. El baldío rodeado de murallas altas nos recordaba el fin de una etapa, más que el lugar de nuestra niñez y adolescencia dedicadas al único deporte que nos unía. Algunos amigos y yo tampoco queríamos volver a encontrarnos con Osmar. Si antes no me agradaba del todo, desde entonces lo detesté, aunque nunca me animé a enfrentarlo: su edad, tamaño, fuerza, su falta de escrúpulos para lesionar o perjudicar al otro, me intimidaron muchos años. Me corrijo: sólo en la cancha me animé a enfrentarlo. Cuando retomamos los partidos, mi único objetivo era humillarlo. Recogía o pedía la pelota con la mirada puesta en él, logrando en más de una ocasión por encuentro hacerle el caño que lo exasperaba. Le pasaba la pelota entre las piernas con amagues aprendidos de Melissa. Quería recordarle que ella siempre sería mejor que él.

Pero a pesar de ese incentivo, compartido entre algunos, los partidos dejaron de entusiasmarnos. Ya no había nadie especial que nos exigiera ser mejores. Sabemos que para superarnos debemos tener a alguien a quien derrotar, alguien que nos exija al máximo. Y si nos esforzamos y caemos en la frustrante cuenta de que no podemos lograrlo, buscamos la forma de deshacernos de ese alguien, a veces a cualquier precio. Las personas, los grupos, las sociedades actúan así. Es una defectuosa cualidad humana. Nosotros nos deshicimos de ella. Las lesiones que le provocamos en la cancha no fueron suficientes. Debimos expulsarla del barrio, ignorando que también seríamos perjudicados.

Han pasado dos décadas. Y no pasaron en vano. En este mundo

injusto, de tanto en tanto el tiempo se encarga de las condenas justas: Osmar se volvió un alcohólico mantenido por su familia; ninguno pudo cumplir el sueño de ser futbolista; y Melissa regresó al barrio en pleno proceso de cambios, de exvecinos chismosos que se mudaron a otras ciudades menos costosas a nuevos vecinos de residencias lujosas que casi nunca se dejan ver. Las desgracias que sufrimos ya no pesan sobre nadie. Y el mejor acto de justicia tardía es verla bien, toda una mujer segura de sí misma, indiferente ante quienes no hicieron nada por ella cuando debieron hacerlo, como yo, un pendejo de tres décadas que aún no tiene la menor idea de cómo aproximarse para decirle que lo siente, que si entonces hubiésemos actuado como correspondía nuestras vidas seguramente serían distintas, mejores, ahora.

PLATINUM CITY

Yuan Hongri
Translated by Manu Mangattu

AH! OF IRIDESCENT GEMS OF TIME
The heavenly road you paved light!
In a kingdom of stars,
I found my home.
In the golden cities,
I opened the gates of the city to the sun,
To behold the godly giants.
At the royal palace of the jewel
I read of prehistoric wonderful poems
The enormous, gorgeous ancient books.
Carved with the golden words
The wondrous strange mystery tales,
Made my eyes drunken.
I walked into a full new world,
And saw the holy kingdoms:
Even before the earth was born
The erstwhile home of human history.

Across Time and Space in crystalline glitter
Stands this moment a platinum city.
Numerous spaceships drifting leisurely,
Like large birds, resplendent in variegated hues.

In the crystal garden I saw
A crowd of youthful giants,
Their eyes were bright and glittering
In the aura of the body sparkle.

They sang happy songs
They danced a wonderful dance
Lanky boys and girls in pairs

As if to celebrate the splendid carnival.

I saw a circular edifice
High above the city.
Giving out white-bright lightnings.
Raised ground to fly into the quiet space.

A frame of platinum edifice
Creating a beautiful pattern.
The whole city is a circle
Arranged into a fine structure.

Into a bright hall I went.
A strange instrument there I saw.
A huge screen hanging on the wall,
Displaying a golden space.

Like bits of colourful crystal gemstones!
Resplendent with variegated colours of the city!
Those strange and beautiful high-rise buildings
A sight better than the myth of the world.

I saw lines of strange letters.
On one side of the screen flashed swiftly
Numerous young and strong giants
An effort to concentrate on the changing images.

Their look is quiet and peaceful.
The learned flame flashes in their eyes.
In a flash of clothes
The next is a whole.

Their stature, unusually tall.
Each one is well-nigh seven meters high.
Both men and women look dignified
Almost no age difference apparent.

Their skin is white as snow
With a faint flashy shine
Bright eyes are as naive as an infant's

Also kindled with a strange flame.

They manipulate the magic of the instrument.
A picture of the changing space.
Their language is artless and plane.
As the bell is generally pleasant.

As I survey the length and breadth of the bright hall
I feel a powerful energy
Body and mind suffused with bliss and delight.
As if I too am a giant.

I seem to understand their language.
They are exploring the mysteries of the universe.
The cities on a lot of planets
Peopled with their countless partners.

Their mind they use to manipulate the instrument
Also can to transfer data be used
Even thousands of miles apart
Also to talk free to the heart.

Many lines of text on the screen
Is but a message from afar.
The whole universe is their home.
They build cities in space.

They use the spaceships
To transport you to far-distant other spaces.
Into a lightning, a moment, and you
Vanish into thin air, without a trace.

I feel a new civilization.
They have magical eyes.
They seem to be able to see the future
And can enter diverse times and spaces.

Men and women are holy and loving
Superior to our world's so-called love
They don't seem to understand ageing

Neither do they know about war.

Time seems not to exist
Science is just a wonderful art
Their happiness comes from the creation of
A universe full of divine love.

I saw a young giant
Opening the door of a platinum
A round, magnificent hall
Packed with rows of giants of men and women.

I saw a crystal stage.
Gyrating at the center of the hall.
Where a dignified and beautiful girl
Was playing a huge musical instrument.

A bunch of golden rays,
Shifting with all kinds of brilliant graphics
A mysterious and beautiful music
Like the Dragon leisurely crowing.

Thence I saw an enormous giant
Jump out of the remarkable dance onto the stage.
His hands held a huge ball
Which flashed with many colourful drawing.

I saw a group of young girls
Wearing a kind of white dresses
They seemed to fly lightly
Like the giant cranes.

The huge circular hall was resplendent
With clear, transparent decoration.
Like a bizarre gem of a full set,
Scintillating brilliantly in the light.

I saw a young singer
About the golden flame
The sound was strange and striking

Like singing, like chanting too.

Their music is at once mysterious and blissful
That shift randomly like the lightning
As if many planets of the universe
Shining bright and light in space.

The crystal city, aloft in space
Looks resplendent, magnificent
Countless wonderful golden flowers
Bloom and blush in that flawless space.

I saw an image of a transparent smiling face,
As if it were a colourful garden
The sky shed the golden light
And turned it into a city of gold.

I strode out of the circular hall
Came to a wide street with a smooth
Pavement covered with precious stones
And in line with the platinum edifice.

There are no terrestrial trees here,
But they are in full bloom with a lot of exotic flowers.
Sparkling with rich incense,
Shaping a garden at the center of the street.

Some strange flowers were there.
The branches as transparent crystal
Flashing all kinds of brilliant colours;
And bunches of round golden fruit.

I saw a huge statue.
It was like a spaceship.
Clustered around by shining stars,
High above the centre of the street.

I saw the column of a dazzling fountain
In a huge circle in the square;
An elegantly modelled statue

Portraying holy giants.

The soaring magnificent edifices
Ran around the circle square.
There were some garden villas
There was a platinum steeple.

I saw a wide river
Girdling this huge city
The bottom flashed with transparent gold dust,
Amidst which were scattered brilliant gems.

The planning of tall trees on shore
And a long crystal corridor
A big multi-coloured bird
Three five one group floated on the surface of the water.

I saw a vast forest
The swaying tree, a tree of gold
The trees with towering spires
And as some platinum Pavilion.

I saw some giants along the walk,
Some male and female bodybuilders.
At the water's brink or in the forest
Like birds carefree and relaxed.

The wonderful space was as bright as crystal
Embraced this platinum city;
A giant, white and bright ball
Flashing boundless light into the air.

It resembled the huge suns
And like the man-made planets
The whole city was shining too,
Weaving a rare breed of magic.

A strange speeding train circled
About the city back and forth;
There seemed to be a kind of track in the sky

Like a shiny silver curve.

They seated body white buildings
As if it was a dreamlike maze
This huge city was unusually quiet,
Could not even hear the sound of the wind.

I bade goodbye to the platinum city.
Near a golden space
Stands another city here
A huge city of gold.

The building here is also huge.
But it's another beautiful shape.
The whole city is glittering
Golden edifice as beautiful as sculpture.

Here there live some other giants.
As if from another nation
They have boundless wisdom.
Like a golden, holy civilization.
3.3. 1998

GOLDEN GIANT

Yuan Hongri
Translated by Yuanbing Zhang

WHO IS SITTING IN THE HEAVENS and staring at me?
Who is sitting in the golden palace of tomorrow?
Who is smiling?
Golden staff in his hand
flashes a dazzling light.
Ah, the flashes of lightning,
interweave over my head...
I walked into the crystalline corridor of the time-
I want to open
the doors of gold.
Lines of words in the sun.
Singing to me in the sky.
I want to find
the volumes of gold poems
on the shores of the new century
to build the city of gold.

Laozi with rosy cheek and white hair.
Smiles at me in the clouds,
A phoenix dances trippingly
and carries with it, a book of *gold.*

Lines of mysterious words
made my eyes drunken,
countless giant figures
came towards me from the clouds.

Ages through seventy million years
emerged leisurely before my eyes,
the cities of gold
surrounded with crystalline gardens.

A sky of sapphire
sent out a colorful miraculous brightness,
onto green hills of jasper,
dragons and phoenixes were flying.

Exquisite pagoda,
with majestical palace of gold,
the airy pavilions and pagodas
stood within the purple-red clouds.

Laughing girls
riding the colorful husbands and wives,
propitious clouds
sprinkling the colorful flowers.

I opened the door to a golden palace,
saw the rows of scrolls of *gold*,
a giant who had the haloes all over his body,
there was a golden sun over his head.

Smiling, he picked up the books of gold
recited the sacred verses.
Intoxicated with the miraculous wonderful words
I was enveloped with purple-gold flames.

A golden lotus
bloomed beneath my feet,
lifted up my body,
wafting it up out of the golden palace.

The red clouds
drifted by my side,
in the far distance I saw
another golden paradise

the leisurely bells
calling to me.
There- countless giants
roamed in a golden garden,

with skies of ruby,
rounds of sun
like the golden lotus
blooming in the sky,

intoxicating fragrances of flowers
like sweet good wine,
golden trees
laden with the dazzling diamonds,

wonderful flowers
in bloom for a thousand years,
this land of gold
inlaid with the gems.

The pavilions of gold were
strewn at random, clustered in multitude.
Someone was playing chess
Someone was chatting...

Quaint clothes
colossal statures
miraculous eyes,
happy and comfortable.

White cranes
flying in the sky,
husbands and wives
crowing leisurely.

Beside an old man I approached
as if he were waiting for me
in this golden pavilion.
He opened an ancient sword casket.

A glittering ancient sword
engraved with abstruse words and expressions,
which were clear and transparent, like lightning,
dimly glowed with purplish-red patterns.

He told me a metaphysical epic:
The sword came from nine billion years ago,
made from hundreds of millions of suns.
It was a sacred sword of the sun.

It could pierce the rocks of time,
open layer after layer of skies,
let the sacred fires forge the heaven and the earth
into golden paradises.

The old man's eyes were deep, archaic, difficult to discern.
Dimly showing the joyful flames.
He let me take this sword
to fly towards a new golden paradise:

The huge golden lotus floated leisurely.
I flew among the skies, for a thousand miles.
Huge pyramids
loomed impressively in front of my eyes.

Mountainous figures of giants
walked about in front of the pyramid,
the huge pyramids of gold
far taller than the mountains.

The giant trees of gold
like a forest
stood in the sky
laden with the stars.

The multi-colored propitious clouds
were like a colossal bird
in a silvery sky,
crowing joyfully.

I came to the front of a pyramid,
a door was opening wide for me,
a group of blond giants
sat with smiles in the grand palace.

An old and great holy man
recited in monotone.
The temple was painted with the magical symbols
and giant portraits of Gods.

The palace was full of silvery white light
blooming with magnificent flowers,
a peal of wonderful mellifluous bells
that made one suddenly forget all time.

I heard an immemorial verse
that was written hundreds of millions of years past,
relating countless eras of giants,
the creation of the holy kingdoms of heaven.

Their wisdom was sacred and great
knowing, omnisciently, the past and the future of the universe.
They flew freely among the skies
landed on the millions of planets in the universe.

They altered time per one's pleasure,
encompassed other powers, such as,
turning stone into gold,
making gold bloom into flowers.

They were like the bulbous sun,
which could erupt with sacred flames
let all things blaze in ***raging*** flames.
Manifest imagination into reality.

They landed on planets
establishing golden paradises
and with their magical, cryptic wisdom
built platinum cities.

I saw the splendid words
spied from the volume of *gold*
and the magical wonderful halos
rotating like colorful lightning in the sky.

I came to another wonderful planet,
saw a massive monumental edifice of platinum,
the whole city, an intricate work of art
emanating, softly, a brilliant white light.

A huge round square
encased unearthly works.
Giants of great stature
came and went leisurely in the street.

They wore spartan, common clothing
covering their bodies,
all with smiles upon their faces,
both men and women looked beautiful.

They spoke a wonderful language
intriguing and pleasant as welcome music.
Some of them travelled by spaceship
flying around silently in the sky.

I walked into a towering edifice of platinum,
saw a magnificent hall,
its platinum walls were inlaid with gems,
among which was a row of unusual instruments.

Their eyes were like bright springs
and they wore multi-colored clothes.
Some were operating the instruments.
Some were talking softly among themselves.

I saw a fascinating picture, a simulacrum that
drew giant planets,
arranged cities on those planets,
with crystal gardens.

I opened a crystal door,
noticed a group of men and women, who were happily,
singing softly,
with glittering books of *gold* in their hands.

Arrangements of flowers and glasses filled of golden wine
sat on the huge round table.
Golden walls were sparkling
carved with all kinds of wonderful images.

I saw a demure girl,
with sparkling golden halo above her head,
adorned in a lengthy purple-gold dress
peerless in its quality.

Pages, were marked with cryptic glyphs
or lines of ancient magic words or symbols,
each of their books were made of gold
inexplicably constructed in golden crystal.

I understood their euphonious songs.
They were singing the sacred love
They were singing great ancestors
They were recounting the civilization of the universe

Gardens filled their city, everywhere,
surrounded with the sweet rivers.
The whole earth was a piece of jade,
the clay, a translucent layer of golden sands.

I saw enormous bright, white spheres
suspended high above the city,
emanating outwards a dazzling light,
illuminating the skies and earth, bright as the crystal.

The towering, great buildings stood in great numbers.
As if carved by a singular piece of platinum.
Doves and colorful birds
were flying among the heavens.

A mono-train was
flying swiftly through the sky,
the streets were illuminated in bright white,
and any moving vehicle could not have been seen.

These people's bodies were unusually strong.
Playing a wonderful game,
they piled up the pieces of great stones
arranging into grotesque works.

Similar to giant eyes
and ancient totems,
there were strange birds
covered with lightning feathers.

I saw a couple of tall lovers,
aviators, riding in their spaceship.
Their eyes were quiet and bright,
colorful halo around their bodies.

This wonderful space was gyrating leisurely
like a huge, resplendent crystal.
I said goodbye to the unusual city,
towards a space of golden light.

The cities flashed in the sky.
I flew over the layers of the sky again
and I saw a new-fangled world:
the multi-colored city of crystal.

The high towers were exquisitely carved
displaying multi-colored pearls,
layers of its eave painted with dragon and phoenix,
hung with singing golden bells.

The earth was a crystal garden,
the palaces were limpid and crystal,
huge mountains were like transparent gems
lined with the golden trees.

I saw the tall giants,
who wore their purple clothes,
with heads of round suns,
bodies enshrined with halos.

They sat up in the main halls
singing a mellifluous song.
Some were roaming leisurely in the garden.
Some were summoning the birds in the sky.

The crystalline airy pavilions and pagodas
were beset with jewels and agates,
a huge jewel on the spire,
shining golden lights.

I saw a holy giant
sitting in the middle of a main hall,
the purple-gold flame, flashed around his body,
which filled with the whole majestic main hall.

Full-bodied fragrance filled the hall
like a cup of refreshing wine.
Solemn expression was merciful and joyful,
a huge book was in his hand.

The hall was full of men and women
listening quietly to the psalms of the saints,
the lotuses were floating in the sky
where the smiling giants sat.

The golden light poured down from the sky
bathing the whole of this crystal kingdom.
The jewels above the giant towers,
the golden suns.

The golden walls of a golden tower
were carved with the lines of *golden* words I had glimpsed,
hovering around the dragons and phoenixes,
as if they were intonating the inspiring poems.

The smiling giants in the sky.
With wide halo flashing around their bodies,
were each dignified and tranquil,
floating in the golden translucent sky.

I flew over this crystal kingdom,
saw a vast golden mountain in the distance
sending out the brilliant lights in the sky
where the propitious clouds were blossoming.

This was a *golden giant*
sitting in the golden translucent sky
his body composed of thousands of millions of constellations
the golden sun rotating on his forehead.

He lit up the whole marvelous universe,
the kingdoms of heaven shone in the sky.
Here there was no the sky nor earth,
lights of pure gold emanated in every direction.

The smiling giants were sitting
on the *gold*-engraved pavilions.
The pavilions levitated in the translucent sky
shining the layers of purple-gold light.

A scene of multi-colored translucent mountains,
propitious clouds floating in the heavens,
large wonderful flowers blooming in the mountain peaks,
trees of pure light.

A river flowed from the sky
and with river bottom reflecting a layer of golden sand.
There were strange and beautiful birds and beasts
some like aerial phantoms.

This was a world of light.
Everything was made of light.
The divine light formed all things
and the golden paradises.

The *golden giant,*
shines the kingdoms of heaven within his body.
The cities of *gold,*
brilliant and fascinating in his bones.

I observed lines, words of incredible profundity
arranged into a huge book in the sky.
It seemed as if they were the bright stars
constituting a wonderous drawing.

There was a golden pavilion in the sky
guarded with behemoth dragons and phoenixes.
An old man with a whisk
waved to me and smiled in the pavilion.

I seem to be attracted by some sort of magic,
leisurely came to his side.
He told me the golden giant
was namely my great ancestor.

This was an eternal palace.
There's no concept of time here.
Holy light, was exactly the God.
What I witnessed was better than the heavens.

He pointed to the huge book in the sky
told me that it was the mystery of the universe.
The book contained magical wisdom,
created the countless worlds of *gold*.

He pointed to a pagoda in the sky,
told me that it was the temple of words.
The light turned into the sacred words,
and the words created the time of *gold*.

He held up a very large pearl
in which flashed the pictures (and all images).
He told me that it was the future time,
the embodiment of all the wonderful worlds.

He told me that it was another universe.
Still desiring to go to these paradises,
he gave me the magical pearl,
to let it be my future guide.

I said goodbye to the old holy man,
set afoot onto a new road towards the heavens again.
I sat in a golden pavilion,
lightly flew to the distant outer space...
02.09.1998

EVERY GIANT LOOKS LIKE ANOTHER ME

Yuan Hongri
Translated by Yuanbing Zhang

THERE IS A COLOSSAL ship in my golden state from outer space,
sometimes it visits me in dreams,
takes me to the interstellar city of giants.
Where there is my tomorrow's new home–
the streets are covered with multicolored gems,
the words of giants sound like the music;
the gigantic buildings are the works of the Gods,
let you forget yesterday's self in an instant.
The whole giant city is your own garden,
and every giant looks like another me.

每一个巨人仿佛另一个自己

我天外的黄金之国有一艘巨**轮**

有**时**在梦境把我**访问**

载我去星**际**的巨人之城

那儿是我明天的新的家园

街道上**铺满**了五色的宝石

巨人**们**的**话语**仿佛乐曲

一座一座巨厦是天神的作品

让你刹那**间**忘了昨日的自己

那整座巨城是你自己的花园

而每一个巨人仿佛另一个自己

THE PARADISES FROM OUTSIDE TIME

Yuan Hongri
Translated by Yuanbing Zhang

THE HEAVENLY FLOWER from paradise on my palm
makes the wine of time twinkle with a smile of dawn.
When the ancient in your bones play Guqin leisurely,
you will see the prehistoric self, who riding like the wind–
the mountains will be transparent and greet you,
the rivers will be mellow, as if they are surrounded with the jade belts.
There are a great many golden palaces on the clouds,
where there are your paradises from outside time.

时光之外的乐园

我手掌上这朵天国之仙葩

让时光之酒闪烁黎明之笑容

当你骨骼里的古人丁丁而弹琴

你看到了乘风而行的史前的自己

群山透明向你致意

河流芳醇如玉带萦绕

在云朵之上有巨多的金殿

那儿是你时光之外的乐园

BE LIKE MIKE: MISE-EN-SCÈNE, SPORT, AND GLOBALIZATION IN PEDRO ALMODÓVAR'S CARNE TRÉMULA

Patrick Thomas Ridge

TEN YEARS AFTER the Partido Socialista Obrero Español (PSOE) took back control of the Spanish government, the first significant step towards democratic transition after the death of Francisco Franco, Spain hosted the Summer Olympics in Barcelona, the World's Fair in Seville, and Madrid represented the European Capital of Culture in 1992. Despite the left wing's accomplishments, the Partido Popular (PP)—Spain's Christian-democratic and conservative faction—and José María Aznar reassumed right-wing control in 1996.

Up to this point, Pedro Almodóvar had avoided themes dealing with Franco in his films. However, in light of Aznar's government, *Carne trémula* (1997) explores various historical events of the Francoist era and the nineties. In this way, for the first time in his career, notes Marvin D'Lugo,[1] the director offers Spanish audiences a way to reflect on their national political history (97-98). In particular, the film presents images that allude to the country's economic transition. Other studies, for example, signal Almodóvar's use of the Kio Towers in Madrid as symbols of this supposed period of modernization (Gonick 27-28).[2] However, no investigation explores in detail his intentions to include references to the Summer Olympics, the National Basketball Association (NBA), players such as Michael Jordan, and multinational corporations like Nike and

---

[1] D'Lugo, Marvin. *Pedro Almodóvar.* U of Illinois P, 2006.
[2] Gonick, Sophie. "Making Madrid Modern: Globalization and Inequality in a European Capital." *Lucero*, vol. 21, no. 1, 2010, pp. 20-34.

Champion. Using the categories of Transnational Film developed by Deborah Shaw, this study argues that these elements not only reveal the heightened popularity of U.S. professional basketball in Spain during the mid-nineties, but also serve as indicators of Spain's entry into the global economy.

The cinema of globalization: stars, sports, and brands

Globalization, posits García Canclini, involves the transition from modern political identities—defined territorial nations—to transnational societies influenced by the global market (30-31).[3] Shaw's "categories of the transnational" help to view these changes through the lens. To avoid oversimplified definitions of transnational cinema—see Ezra and Rowden—[4] she has categorized some of the thematic, production, and aesthetic tendencies of these films. Among these, the "cinema of globalisation ... address questions of globalisation within their narratives, central to which are the ways in which relations of power between nations and peoples are played out on screen" (54).[5] Zaniello adds that these films consider the effects of transnational organizations and multinational corporations on people and the environment (17).[6]

Almodóvar explores many of these themes in *Carne trémula*. Steven Marsh highlights the continuous transnational movement of characters in and out of Spain. For example, while Elena (Francesca Neri) is Italian, throughout the film, her husband David (Javier

[3] García Canclini, Néstor. *Consumidores y ciudadanos: conflictos multiculturales de la globalización*. Grijalbo, 1995.

[4] Ezra, Elizabeth, and Terry Rowden, editors. *Transnational Cinema, The Film Reader*. Routledge, 2006.

[5] Shaw, Deborah. "Deconstructing and Reconstructing 'Transnational Cinema'." *Contemporary Hispanic Cinema: Interrogating the Transnational in Spanish and Latin American Film*, edited by Stephanie Dennison, Tamesis, 2013, pp. 47-65.

[6] Zaniello, Tom. *The Cinema of Globalization: A Guide to Films about the New Economic Order*. Cornell UP, 2007.

Bardem) travels to and from Madrid on tour with his basketball team. The beginning also features images of the 1992 Barcelona Paralympics (59-60).[7] By attracting the world's attention, the Games symbolized the emergence of a global Spanish economy, and the PSOE strategically used the events to improve national infrastructure and attract foreign investment (McNeill 73-74).[8] Furthermore, the construction of the Olympic village, stadiums, and other related structures served as a way to visually demonstrate the country's modernization (Hooper 350-51).[9]

More so, however, the influence of U.S. professional basketball increased the cultural popularity of the sport in Spain. Frank Jozsa confirms that the success of the Dream Team in particular—the famed U.S. men's national team that starred Michael Jordan, Larry Bird, and Magic Johnson—contributed to the increases in fan attendance and ticket sales in Spanish professional and amateur leagues like the Asociación de Clubes de Baloncesto (ACB) shortly after the event (100).[10] Jordan and his sponsorship deals with Nike made a particularly significant economic impact. The U.S.-based corporation attained a value of around nine billion dollars only a few years after the competition, half of these earnings coming from foreign markets, Spain being in the top five in sales among European countries (LaFeber 55; McCallum 237-38; "Nike").[11]

[7] Marsh, Steven. "Masculinity, Monuments, and Movement: Gender and the City of Madrid in Pedro Almodóvar's *Carne trémula* (1997)." *Gender and Spanish Cinema*, edited by Steven Marsh and Parvati Nair, Berg, 2003, pp. 53-70.

[8] McNeill, Donald. *Urban Change and the European Left: Tales from Barcelona*. Routledge, 1999.

[9] Hooper, John. *The New Spaniards*. Penguin, 1995.

[10] Jozsa, Frank P. *Global Sports: Cultures, Markets and Organizations*. World Scientific Publishing, 2009.

[11] LaFeber, Walter. *Michael Jordan and the New Global Capitalism*. W.W. Norton and Co., 1999.

McCallum, Jack. *Dream Team: How Michael, Magic, Larry, Charles, and the*

Almodóvar emphasizes the heightened popularity of basketball through his use of *mise-en-scène*. Scenes feature characters and settings draped with references to the NBA, players like Jordan, and U.S. athletic brands. Similar to the repeated shots of the Kio Towers, basketball's ubiquity throughout the film suggests Spain's transformation into a globalized society. Other studies provide more general overviews of the film, including commentary on narrative, gender, and intertextuality, among other themes (see Davies, D'Lugo, Marsh, and Poyato). Focusing instead on set design and wardrobe, in particular, I argue that *Carne trémula* exemplifies Shaw's category in that it exhibits the economic and cultural impact of U.S. basketball and its corporate ties on Spanish society, specifically during and after the 1992 Summer Olympics and Paralympics in Barcelona.

Carne trémula

The film's four narrative blocks—occurring in 1970, 1990, 1992 and 1996—demonstrate the transition from Francoist Spain to this more globalized society (D'Lugo 97). Based on Ruth Rendell's novel *Live Flesh* (1986),[12] *Carne trémula* presents the love triangle between Víctor (Liberto Rabal), Elena (Neri) and David (Bardem). The film begins in 1970 with Víctor's birth on a public bus in the deserted streets of Madrid. Twenty years later, Víctor shows up for a date at Elena's apartment, but the encounter ends in turmoil as shots are fired. After policemen David and Sancho arrive, a struggle ensues and the resulting gunfire paralyzes the former from the waist down. The next scenes show David participating in a wheelchair basketball match during the 1992 Summer Paralympics, Elena cheering on her now

Greatest Team of all Time Conquered the World and Changed the Game of Basketball Forever. Ballantine, 2012.
"Nike Reports Record Fourth Quarter and Fiscal 1997 Earnings." *PR Newswire*. PR UBM. 1 Jul. 1997.
12 Rendell, Ruth. *Live Flesh*. Hutchinson, 1986.

husband from the sidelines, and Víctor watching the broadcast from jail. After Víctor's release in 1996, Elena eventually leaves David for the younger lover. The final scene captures Víctor with Elena going into labor in the back of a van, this time navigating the crowded streets of Madrid during Spain's basketball match against Malta.

As Ann Davies points out, the film relies heavily on the motif of circularity, and in doing so, the multiple narrative facets turn full circle. For instance, the deserted streets and inclusion of the voice of Manuel Fraga—Francoist and member of the Alianza Popular—during the film's opening sequence suggests the potential return of repressive government, specifically after the rise of the Partido Popular in 1996. However, she argues that the colorful shots of Madrid and excitement over the Spain-Malta game in the film's final scene suggest a more democratic society, even under the newly elected Aznar (73).[13] As they board the van, Víctor directs the driver to take the route through downtown since most would be watching the basketball game: "Ahora mismo está todo el mundo viendo el partido España-Malta." While this comment reveals Spain's heightened affinity for basketball, the words directed at Elena and his future son further emphasize Spanish optimism.

> Sé perfectamente cómo te sientes porque hace 26 años yo estaba en la misma situación que tú, a punto de nacer. Pero tú tienes más suerte que yo ... ¿No sabes cómo ha cambiado todo esto? Mira cómo está la acera, llena de gente. Cuando yo nací, no había un alma por la calle. La gente estaba encerrada en su casa cagada de miedo. Por suerte para ti, hijo mío, hace ya mucho tiempo que en España hemos perdido el miedo.

Despite the conclusion's optimistic tone, the viewer should remember that the public displays of Spanish nationalism facilitated by sport marginalize the regional identities of Cataluña, Galicia, and

---

[13] Davies, Ann. *Pedro Almodóvar*. Grant & Cutler, 2007.

País Vasco. Sport, demonstrated, for instance, by the success of the Spanish men's national soccer team after winning the 2010 World Cup and revised by films like Borja Cobeaga's *Fe de etarras* (2017), continues to serve as an influential cultural symbol for imagining the dominant version of Spanish national identity. Throughout the film, Almodóvar reminds the audience of the symbolic power of sport, whether it reproduces the same nationalist ideas promoted by Franco and his followers or those used by the PSOE to suggest a modernized and more democratic Spanish society.

While stadiums and athletic facilities used by Almodóvar serve as symbols of economic modernization, the director indicates that the 1992 Olympics and Paralympics also function as a historical frame of reference for the viewer who might struggle to identify the chronology of his shuffled narrative. For instance, in one of the film's initial scenes, a bird's-eye view shot displays three wheelchair players gliding across the words "Barcelona '92" on one of the court's sidelines. The setting, according to Almodóvar's script, serves as an indicator of time and place, as well as an ellipsis for the previous scene—the altercation that left David paralyzed (95).[14] Now, two years later, Spain faces Argentina, a match that exhibits the transnational encounters facilitated by international competition.

More so, however, the constant appearance of U.S. athletic brands throughout *Carne trémula* allude to the liberalization of Spain's economy under the PSOE, not to mention the heightened commodification of sport in general with the emergence of live broadcasts and lucrative advertising contracts beginning in the 1970s. After David and his teammates win their Paralympic medal against Argentina, they celebrate in a *discoteca* and almost all wear shirts or sweat suits adorned with Champion U.S.A. or Nike logos. Shortly after viewing these same images from a prison television, Víctor immediately comes upon a Champion billboard after his

[14] Almodóvar, Pedro. *Carne trémula: el guión.* Plaza & Janes, 1997.

release. The ad pictures David in his wheelchair sponsoring the brand with a slogan reading: "Con Champion, tú también puedes" (With Champion, you also can). Throughout the film, the camera constantly frames the Paralympian sporting the Champion logo, thus serving as a visual leitmotif. While this hints at the influx of U.S. sporting apparel in Spain during the 1990s, Sophie Gonick argues that the repeated corporate imagery suggests the country's insertion into the new global economic system (27).

Besides the prevalence of brands like Champion, *Carne trémula*, in various instances, exhibits the cultural impact of Dream Team players, the NBA, and other corporations like Nike on Spanish society. For example, shots of the mentioned game's telecast show Elena, David's wife, wearing a cap with the Air Jordan symbol—the Nike subsidiary—as she cheers on her husband from the stands. The worn hat not only symbolizes the support for the American superstar and consequently, his brand, but also the dedication for her husband on the court. Later, the camera presents David wearing the same cap while he plays basketball on the court in his apartment. While he furiously trains, a high-angle shot focuses in on the player through the hoop and emphasizes his dedication to the game and U.S. counterpart. By framing the athlete and his Air Jordan hat within the circular hoop, the shot suggests that the athlete conforms to the famous slogan of his idol as he aspires to "be like Mike." Like Jordan, David has not only become a star athlete, but he is commodified in his Champion advertisements. Along with adopting Jordan's athletic drive, Almodóvar's protagonist emulates his off-court persona as the face of a global brand. In this way, David's body serves as yet another symbol of Spain's entry into the global economy. Adding another layer to the embodiment of masculinist national identity, his commodified body symbolizes the increased privatization of the Spanish economy during the Post-Francoist era.

In general, David—like many Spaniards at the time—adopts the U.S. "brand" of professional basketball. His office exemplifies this devotion as he adorns the walls with hats of NBA teams like the Philadelphia 76ers and the Chicago Bulls, as well as others supporting the U.S. men's national team and Jordan playing with the Bulls. The *mise-en-scène* emphasizes the sport's importance in the player's life. Almodóvar's script confirms the inclusion of this memorabilia, calling for posters of his NBA idols, pennants and hats of his favorite teams, and even his own Champion ad: "Una de las paredes la ocupan enteramente los pósters de sus ídolos, Jordan, Magic Johnson, Shaquil Oneil [sic]. También incluye, tamaño pequeño, una reproducción de su anuncio de Champion ... Además de las gorras pinchadas en las paredes, hay banderines de los Bulls, los Lakers, etc." (106-07). The director explicitly states that these objects and photos of Elena, the room's only decorations, should emphasize that basketball and his wife represent "sus principales y casi únicos intereses" (106). Moreover, the higher placement of the hats and the heightened quantity of basketball memorabilia in relation to the photos of the couple hint at the sport's greater importance in David's life.

Likewise, the film includes various references to Hollywood basketball films, stylistic choices that again show the influence of U.S. basketball, but also the global impact of these movies. In his study, Pedro Poyato mentions that the intertextual references to other films like *Ensayo de un crimen* (Luis Buñuel, 1955)[15] in *Carne trémula* enrich the viewing experience for Almodóvar's audiences by creating separate dialogues (133, 137).[16] Similarly, the inclusion of contemporary Hollywood sports films sparks discussions of globalization, basketball's commodification, and Spain's growing affinity for basketball. For example, David's office includes a poster of *Blue Chips* (William Friedken, 1994) that features Shaq throwing down a dunk. Friedken's film features Shaq and Anfernee "Penny" Hardaway as "blue chips," top high school talents recruited by the

[15] Buñuel, Luis, director. *Ensayo de un crimen.* Alianza Cinematográfica Española, 1955.
[16] Poyato, Pedro. "Referencias intertextuales de *Carne trémula* (Almodóvar, 1997)." *Zer*, vol. 17, no. 32, 2012, pp. 121-39.

U.S.'s elite college basketball programs.[17] Still a topic of intense debate around amateurism, *Blue Chips* shows that many of these players receive money or financial gifts under the table from athletic programs. This theme again demonstrates U.S. basketball's shift from amateur sport to commodified spectacle, similarly revised by David and his Champion ads.

Carne trémula also makes a reference, perhaps more implicit, to *Space Jam* (Joe Pytka, 1996).[18] The live-action animated comedy features characters from the Looney Tunes and Dream Team players Michael Jordan, Larry Bird, Charles Barkley, and Patrick Ewing. Earning over $230 million dollars at the box office, the film was an international success (LaFeber 131). In two separate scenes, David wears a shirt that displays a dunking Tasmanian Devil. The inclusion of this apparel again shows the global impact of U.S. basketball and Hollywood abroad, particularly in Spain, but also reminds the spectator that sport now goes beyond athletics and enters the realm of commercial entertainment.

Combined with the influence of the NBA and Hollywood, the Olympics and Paralympics helped to boost Spanish basketball fandom, demonstrated particularly by scenes shot in arenas. In Seville, David and his team, Club Deportivo Fundosa-Once—an existing professional wheelchair basketball team established in Madrid in 1994—play in a stadium packed with supporters. By including an authentic narrative element such as CD Fundosa-Once and showing the enthusiasm of their fans, Almodóvar not only hints at the heightened popularity of the ACB, but also the Liga BSR (the National Wheelchair Basketball League) following the 1992 international competitions.

In this way, Almodóvar's careful attention to *mise-en-scène* adds another symbolic layer to the film. With the help of Antxón Gómez (art and production design), José María de Cossío (costume design),

[17] Friedken, William, director. *Blue Chips*. Paramount, 1994.
[18] Pytka, Joe, director. *Space Jam*. Warner Brothers, 1996.

and Affonso Beato (cinematography), set design and wardrobe further reveal the impact of the 1992 Olympic and Paralympic Games in Barcelona and how they marked the transition for the Partido Socialista Obrero Español (PSOE). By incorporating players from the Dream Team, references to American corporations, and nods to Hollywood sports films, the film meets Shaw's definition of the "cinema of globalization." Appearing constantly throughout the film, these U.S. cultural elements now permeate Spanish cultural production and society, thus suggesting the country's entry into the global economy that began in the 1980s and 90s.

CÉSARE PAVESE

Francisco Álvarez Koki

UN VIEJO EJEMPLAR de la Estafeta literaria,
dormía abierta en una silla.
Por sus páginas en blanco,
volaban los versos de Césare Pavese.
Pensé en él y me acordé de la muerte.
Di vueltas alrededor de la silla,
y me di cuenta, que me seguían sus versos.
Que me miraban serios, y pensé,
que ellos huérfanos en el mundo,
también desearan mi muerte.
Entonces, como presintiendo peligro,
di un salto y cerré la revista.
Presentí, que todo había sido un mal sueño.

EPÍLOGO

HISTORIAS DE CEMENTO

Entrevista a Julián Scher

QUE EL FÚTBOL era más que fútbol lo descubrimos unos cuantos en la niñez. Convertimos las plazas y los descampados en canchas improvisadas, muy humildes y nada mediáticas. En ese rincón de porterías desgastadas y gradas de cemento, se aglutinaban un gran número de ilusiones. Allá en punta estaba Hugo Sánchez y Johan Cruyff, en el mediocampo se deslizaba un Zidane y un Rivaldo, y en la defensa se encontraba algún central bajo en forma con la camiseta de Maldini. En aquellos campos de fútbol de poca hierba, sobreviven los relatos del ayer, que constituyen la razón de ser del presente.

Periodista y sociólogo argentino, Julián Scher trabajó en el área de comunicación y prensa del Racing de Avellaneda antes de convertirse en coordinador del fútbol femenino del club. Enemigo de los escándalos mediáticos, Julián nos ayuda a entender el valor social y político del fútbol, las connotaciones personales y emocionales con las que creció y también la complejidad conceptual de un deporte tan global. Con Julián, uno escapa del reduccionismo de la cultura del espectáculo y se acerca a la capacidad incansable del fútbol para construir identidades colectivas; todo un ecosistema social y sentimental que da aliento y que crea un sentido de pertenencia que excede a uno mismo.

Hablamos con Julián de la belleza futbolística, de la memoria histórica, con su libro *Los desaparecidos de Racing*, de cuestiones identitarias y, sobre todo, de cómo el fútbol que se desarrolla en Argentina, en su presente y en su futuro, está profundamente marcado por el sentido de pertenencia de sus socios.

Mis agradecimientos a Pablo J. Rañales Pérez por la ayuda en la elaboración y redacción de la entrevista, a José Antonio García Varela por ilustrarnos de manera simple y concisa el significado del deporte, y, por supuesto, a Julián, por su disposición en la comunicación, y por su franqueza y mesura en la conversación que prosigue.

P: ¿Ha cambiado el fútbol después de la eclosión de la pandemia?

R: El fútbol ha sufrido menos que otras actividades que se han visto mucho más dañadas. Si tuviera que aventurarme diría que ha sucedido algo parecido al resto de las crisis económicas de la humanidad: la han pagado los pobres. Ojalá que, sobre todo fuera del fútbol, existan voluntades y construcciones políticas que hagan que las crisis las paguen aquellos que han acumulado más riquezas en un escenario mundial dominado por el capitalismo financiero.

P: ¿Ayudará el fútbol al progreso científico?

R: Diría que es difícil, primero, decir qué es el fútbol: ¿los jugadores, el fútbol, los entrenadores, los representantes, los hinchas, los dirigentes…? No hay una única voz. El fútbol se constituye igual que una sociedad. Es como decir: "tal país ayudará al progreso científico", ¿y tal país quién es? ¿El gobierno de turno, la oposición, la sociedad civil…? Pienso que no es una preocupación del fútbol colaborar con el desarrollo científico. Es un escenario en el que todavía hay pocas investigaciones que hayan trabajado en la ciencia y neurociencia, con rigores metodológicos y científicos. En la Argentina, sí podemos decir que ha habido un desarrollo más profundo y más vasto en lo que se refiere a las ciencias sociales del fútbol, aunque habrá que ver cuánto y de qué manera podrá seguir haciéndose en el próximo tiempo. Pero, por mi experiencia en los clubes e instituciones deportivas, no están muy preocupadas en estimular, relacionarse o trazar vínculos para que la ciencia pueda mejorar algún aspecto concreto, desde el rendimiento de un jugador hasta el análisis de la masa societaria de los clubes y sus comportamientos. No es un interés ni de los dirigentes ni de la amplia masa societaria de los equipos de fútbol.

P: Dada la vinculación, ¿qué es para ti ir al Cilindro (comúnmente conocido estadio de Racing)?

R: Diría que la palabra que define mi vínculo con el estadio es ilusión. Y va más allá del resultado. Ahí fui feliz, con mi papá, con mi hermano y con una identidad colectiva que se sostuvo en tiempos en los que las identidades colectivas y los sueños colectivos fueron muy golpeados. Desde que ingresé a trabajar a Racing, es como mi segunda casa y, a ratos, mi primera. Conozco los rincones, los olores, las vueltas… tengo esa sensación de estar en un lugar al que uno pertenece y que, de alguna manera, le pertenece a uno. De chico, hasta que ingresé a trabajar en el club, no me sucedía eso. Voy al Cilindro y hay una pertenencia que me incluye, pero que me excede; me siento parte de algo, de un nosotros, que va más allá de mi estilo individual. Quiero al Racing más que a casi cualquier cosa que hay en el mundo. Es una parte central de mi vida.

P: ¿Y qué es un club de fútbol para ti? Porque también hay una concepción abstracta, más elitista, del club como algo de unos pocos, y esos pocos son los jugadores. Hay un olvido del sentimiento, de la ilusión, del estado de ánimo. Se obvia que el club es un *conjunto de*.

R: Desde luego, es una institución compleja. En Argentina, en un país con poco más de 200 años, casi que lo único que ha sobrevivido son los clubes, y hablamos de un territorio repleto de crisis económicas, golpes de Estado, dictaduras… Los clubes de fútbol han tenido una capacidad de adaptarse notable, y por eso sobrevivirán a la pandemia de COVID-19. También pueden considerarse como un espacio de articulación de la sociedad muy importante y muy particular, que no se ha dado de la misma manera en todos los rincones del mundo. En Argentina, están muy vinculados a las corrientes migratorias de finales del siglo XIX. Básicamente, fueron espacios caracterizados por un sentido del asociacionismo, que se constituye como el fundamento conceptual por el que existen los clubes: la voluntad de asociarse *con otros* para hacer la vida *con otros*.

Y a partir de ahí, han ido mutando, sobre todo en el siglo XX, con la cultura de los espectáculos que forman parte de la cultura de masas, y que empieza a suceder en la Argentina y en el mundo en la década de los 20. Entonces, dentro de ellos conviven muchas cosas: el club está compuesto por gente que, cuando llega el verano, va y pasa con su familia un domingo en la pileta, pero también gente que va solamente a ver los partidos de local, o alguien que está en la otra parte del mundo y que se siente parte del club porque ve un partido por televisión. También ha habido corrientes ideológicas y políticas que han tratado de borrar este sentido del club como un espacio de socialización, además de construir un entorno propicio para que se desarrolle el fútbol hiperprofesional y determinados negocios. Y en la Argentina esto sigue estando en discusión. De hecho, hubo una resistencia muy grande por parte de la inmensa mayoría de los hinchas y socios de los clubes ante una ofensiva, en los últimos cuatro años, del gobierno de Mauricio Macri, que trataba de imponer las Sociedades Anónimas Deportivas a los clubes. Esa resistencia nació, realmente, porque sigue dominando la idea de que los clubes en la Argentina no son simples empresas, sino que pertenecen a la gente y a los socios, aunque después sea difuso explicar qué significa que los clubes sean de la gente, cuáles son los niveles de participación y cómo se ejerce la democracia dentro de cada uno de ellos. Pero, aun así, esta concepción está muy presente y es un rasgo particular de la Argentina, porque los clubes no funcionan así en otras partes del mundo; simplemente se naturaliza que tienen dueños y accionistas.

P: Si los clubes son de la gente y es la gente, ¿quién es el verdadero beneficiado en esta industria? ¿El forofo o el profesional? ¿O los dos a diferentes niveles?

R: Depende a qué llamemos beneficio. Si se analiza desde una óptica exclusivamente económica, el socio y el hincha pagan por un servicio: concurrir al estadio o a las instalaciones y ver un espectáculo que les gusta o con el que están involucrados emocionalmente. Y, dentro de este sentido económico, los mayores beneficiarios son los dueños de la televisión, los que han amasado fortunas al respecto por la irrupción de determinadas tecnologías y el proceso de espectacularización del fútbol. En espectáculos como la final de los mundiales, te das cuenta de los potenciales millones de clientes que alguien ha acaparado, y todos los recursos económicos que puso la gente para poder ver esos espectáculos. También hay que pensar que existen otros sectores que no son dueños de la televisión que ganan muy bien, como los futbolistas de élite que juegan en las ligas más importantes del mundo. Ganan más que un docente, que un operario, que un administrativo de lo que fuera, pero ni aun así eso significa que todos los futbolistas sean ricos ni muchos menos; es la élite, los que juegan en Primera División y en los clubes más importantes. Aparte de todo esto, existe un beneficio que no es tangible, que no es económico; la felicidad no se puede medir. Es reduccionista pensar que los únicos beneficiarios son la televisión o los clubes o los representantes que ganan millones. A mí el fútbol en general y el Racing en particular me dan una alegría que no se puede cuantificar en millones. Prefiero tener mucho menos dinero y al Racing cerca.

P: Si el club se comparte, ¿cómo se implica el Racing con su hinchada? ¿Qué consecuencias tiene que una entidad deportiva cuente con su gente, con su barrio?

R: No todos los clubes tienen la misma tradición y el mismo peso en la zona geográfica donde nacieron y donde vivieron. En el caso puntual de Racing, está la particularidad de lo cerca que se encuentra Independiente, el clásico rival, con las canchas apenas a 200 metros de distancia, y además siendo dos de los cinco clubes con más hinchas del país. A partir de mediados de la década de los 60, principios de los 70, Racing sufrió un proceso que derivó en la quiebra del club, y coincidió con un Independiente que, además de disfrutar de un esplendor institucional y cultural, tuvo brillantes movimientos futbolísticos. El arraigo de Independiente en Avellaneda y zonas aledañas es mucho mayor que Racing por estos motivos. Pero en general los clubes están vinculados a un determinado lugar, y es muy frecuente que, si uno va a Avellaneda, la mayoría de la gente sea de Racing o Independiente, y en Banfield, de Banfield. La única excepción en la Argentina es River y Boca, que arrasan en casi todo el país y casi todas las localidades.

Pero, a mayores, me parece que hay un vínculo que depende un poco del proyecto político que conduzca cada uno de los clubes. Muchos clubes argentinos han desarrollado sus propios proyectos educativos; tienen nivel primario, secundario, terciario, y eso obviamente da un anclaje en el barrio y en la localidad mucho mayor. Hay otros, como Lanús o River, que tienen confiterías o restaurantes dentro del club. En tiempos de pandemia, Lanús adaptó dos de sus microestadios de baloncesto con camas puestas a disposición del gobierno de la provincia de Buenos Aires, y Racing también puso sus instalaciones a disposición del gobierno de la provincia de Buenos Aires, rescatando la función social de los clubes. Así que tiene que ver bastante con qué tipo de club imaginan los dirigentes

de turno, que no son seres aislados, sino que son votados por la masa
societaria y, por ende, responden, de alguna manera, a eso.

**P: Entonces, el club parece que sí ha de tener un
posicionamiento social, político y cultural.**

R: Sí, aunque hay una gran discusión alrededor del apoliticismo
deportivo, de esa idea, influenciada por el Olimpismo de Pierre de
Coubertin, de que el deporte, también el fútbol, no tiene nada que
ver con la política. Es algo que está muy instalado en los hinchas, no
mezclar el fútbol con la política ni con la religión, pese a que ese
discurso no resiste ningún análisis histórico ni actual. Si ves la
historia de cualquier club, de cualquier federación, el fútbol tuvo,
tiene y tendrá relación con el poder político, económico y
comunicacional. Basta con hacer un análisis básico para detectarlo,
pero sigue habiendo ciertos reparos a que los clubes se involucren
en cuestiones que tengan que ver con lo que llamamos lo político,
que va más allá de lo político-partidario. También hay una idea de
que en los clubes conviven los ricos y los pobres, la gente de
izquierdas y la de derechas, y que el nudo o el elemento cohesionador
es el sentimiento y la pertenencia a la institución deportiva. Así que
lo mejor para no dañar las relaciones es no involucrarse, por tener
gente que piensa muy diferente sobre distintos temas.

En una etapa donde se habla de deconstruir tantos conceptos, y eso
nos lo enseña el feminismo, creo que hay que deconstruir el
apoliticismo deportivo, que no significa que los clubes emitan
opinión sobre cualquier tema que sucede. Los clubes no pueden
quedarse afuera de algunos temas rectores que tienen que ver con la
democracia, los derechos humanos… es decir, con las grandes líneas
que trazan qué es una sociedad, porque ellos mismos son parte de
esa sociedad. Sufrieron, sufren y sufrirán las consecuencias de
proyectos políticos que direccionen hacia sociedades más injustas.
Es necesario deconstruir lo que haya que deconstruir y explicar y
justificar por qué los clubes toman opinión sobre algunos temas. En
la Argentina, hubo un proceso de transformación muy fuerte hasta
hace 5 años, más o menos, donde pocos clubes se habían
manifestado en relación con el genocidio que sucedió desde
mediados de la década de los 70. A 24 de marzo, día del aniversario
del golpe de Estado de 1976, es casi imposible encontrar un club que

no saque un comunicado. Ahí hay una batalla política y cultural, digamos, por entender de qué se tiene que ocupar y de qué no en la batalla simbólica sobre el pasado, que es una contienda en el presente.

P: ¿La promoción y desarrollo del fútbol femenino a nivel internacional es un ejemplo claro de esta práctica de involucramiento social?

R: Sería muy ignorante no admitir el peso que ha tenido la pelea feminista en términos generales en el desarrollo del fútbol femenino. De hecho, sin ir más lejos, en la Argentina, la realidad es que los clubes han estado invirtiendo en eso por la bajada de línea de FIFA-CONMEBOL, que exige, para participar en competencias internacionales, que se tenga fútbol femenino. El proceso de semi-profesionalización en la Argentina no vino por un regalo de una divinidad, sino por una pelea política que encarnó una jugadora específica, Macarena Sánchez. Esta pelea derivó en que la AFA, la Asociación de Fútbol Argentino, impulsara este proceso de semi-profesionalización y obligara a que hubiera un mínimo de ocho contratos en los clubes de Primera División. De nuevo, decir que el fútbol no tiene nada que ver con la política es como seguir creyendo que los dientes nos los arranca el ratoncito Pérez.

P: En este mundo de dinámicas globales, o como dice José Mujica, "el mundo del Dios dinero", ¿se ha convertido el fútbol en algo menos humano?

R: Sería como preguntarnos si una sociedad se ha vuelto más o menos humana. Hay procesos políticos, culturales y sociales que reivindican lo mejor de la condición humana y hace que uno siga creyendo que un mundo mejor es posible. Y, al mismo tiempo, también se observan determinadas conductas políticas, culturales y sociales que hacen que a uno le agarre una desesperanza y crea que es difícil que la humanidad mejore. En el fútbol pasan ambas cosas. Puedes ver cosas que te llenan de espanto y cosas que te llenan de ilusión y que justifican levantarse al otro día y ver un partido. Es complicado tomar una posición tajante porque casi todo ocurre en una zona de grises. Prefiero ser optimista respecto al fútbol y respecto a la sociedad y creo que, tanto dentro del fútbol como de la sociedad, la política es el arma de transformación, la herramienta que hasta ahora la humanidad ha podido utilizar para intentar construir otras realidades. Cada vez que la política se descarta y se estigmatiza, lo que triunfa es el *statu quo*, y el *statu quo* en el fútbol, en la Argentina y en el mundo, es demasiado desigual. Cuando la política se la corre, lo que gana es la naturalización de una desigualdad muy perversa.

P: Señalas en tu libro *Los desaparecidos de Racing* que la memoria histórica y su recuperación también otorgan al mundo deportivo un papel fundamental. ¿Qué función social tienen las apuestas de documentación e investigación histórica que ha llevado a cabo Racing, que hasta cierto punto son literarias, con la narración de perfiles personales e históricos de jugadores selectos, por ejemplo?

R: La memoria existe y es una batalla cotidiana, porque el pasado tiene que ver con el pasado, pero también con el presente. Tiene que ver con conocer de dónde venimos y hacia dónde vamos. Hay una frase pintada en la tribuna del Estadio Nacional de Chile, que durante la dictadura de Pinochet funcionó como un centro clandestino de detención, que dice "un pueblo sin memoria es un pueblo sin futuro". Y un poco, eso fue lo que se intentó hacer con la construcción que hizo Racing de su archivo histórico. Podemos valorar la historia y pensar que el fútbol, que en la Argentina es una identidad afectiva de enorme potencia para millones de personas, puede ser también una gran excusa para dar batallas que vayan más allá de lo que sucede dentro de la cancha. Y yo reivindico la historia y la memoria, y las reivindico desde un lugar ideológico que, por supuesto, es objetable, pero que sí admite el peso que tiene la ideología en cada una de esas construcciones y en cada una de esas batallas. Acepto otro tipo de puntos de vista en torno a qué construir sobre la historia y la memoria en el presente, pero lo que no me valen son esos discursos que nos venden cierta neutralidad, cierta objetividad, cierta independencia, como si nos hablasen desde la luna, cuando en realidad ocultan los verdaderos intereses ideológicos que persiguen. Me parece que ahí hay una cuestión de identidad intelectual que, en la Argentina, con la industria de comunicación, se ha destapado bastante en la última década y está empezando a quedar más claro desde dónde habla cada uno.

P: Dirigiéndonos hacia el campo de la literatura, ¿cómo dirías que el fenómeno masivo *fútbol* impacta en lo literario?

R: Voy a decir la verdad: soy hincha de Osvaldo Soriano. Si vos no leíste a Osvaldo Soriano, es lo primero que deberías hacer para ser un hombre feliz. Cuentos, novelas, y escribe mucho de fútbol. Fue escritor, periodista, exiliado durante la dictadura en Europa y fanático de San Lorenzo. Pero el padre del deporte y la literatura en la Argentina es Roberto Santoro. Periodista, poeta, militante, desaparecido desde el primero de junio de 1977 y fanático de Racing. ¿Y por qué digo que es el padre de la historia de la literatura del deporte? Porque publicó en 1971 *Literatura de la pelota*, que es la primera compilación de textos de fútbol que se editó en la Argentina. Incluye desde canciones de cancha hasta textos de Borges. Hizo como una investigación de recopilar todos los textos vinculados al fútbol que tuvieran que ver con la literatura. Es como la piedra fundacional que permitió que después vinieran Soriano, Sacheri, Fontanarrosa… y que derivó en una enorme ramificación que, por suerte, está yendo a gente que escribe muy bien sobre fútbol, deporte, y formatos literarios en la Argentina. Y la historia de Roberto Santoro es una de las once que integran el equipo de los desaparecidos de Racing.

Y también se me viene a la cabeza un escritor argentino que vivió bastante en Barcelona, Hernán Casciari, que escribe muchos cuentos de fútbol y novelas y demás, y es de Racing. En el 2017, lo junté con Luciano Aued, ex jugador de Racing que jugaba en la Universidad Católica de Chile, fanático de sus cuentos, e hicimos un encuentro entre ambos de fútbol y literatura dentro de la cancha de Racing. Aued le preguntó cómo se le ocurrían sus historias, de dónde las sacaba, y Casciari habló de Racing. Otro punto de encuentro que tiene que ver con mi historia y Racing.

P: Tu investigación personal está ligeramente ligada a la documentación y al mundo literario argentino.

R: Sí, porque la historia de Roberto Santoro está muy vinculada al fútbol. Se dedicaba a la política y a la militancia, pero era muy futbolero. Hacia finales de diciembre de 1965 se casó con su mujer Dolores. Les prestaron una quinta a las afueras de Buenos Aires para pasar su luna de miel y Santoro la abandonó para ir a ver a Racing con los amigos. Fue a la cancha, vio a Racing y después se reintegró a su luna de miel, poniendo en riesgo el reciente matrimonio. Y este tipo es el padre de la historia de la literatura y el fútbol en la Argentina. Ese libro, *Literatura de la pelota*, se reeditó en 2007 y hace no tantos años una editorial compiló toda su obra completa de poemas, que es fantástica.

P: Es una realidad que los clubes se involucran en agendas políticas y culturales. Clubes de Galicia, por ejemplo, promueven el uso del gallego y se vinculan con la defensa lingüística mediante concursos de relato corto. ¿Qué otras iniciativas culturales-literarias te vienen a la mente?

R: Existe una editorial en la Argentina que se llama Al Arco que edita básicamente libros relacionados con el deporte, sobre todo con fútbol, y ha hecho muchos concursos de cuentos. Diría que alguno incluso se ha llamado Roberto Santoro. Y la verdad es que siempre ha impulsado mucho la literatura deportiva acá. Es la primera editorial argentina dedicada a este tema. Mi papá (Ariel Scher), que básicamente se dedica a explicar y trabajar la historia del deporte y la literatura, publicó ahí también.

P: Hemos hablado de cómo el fútbol supera el acto deportivo. ¿Te parece que la disciplina literaria del deporte se etiqueta también como deporte?

R: El fútbol en sí mismo como fenómeno social y cultural abarca muchas más cosas que el juego. Por eso digo que depende, cuando hablamos de fútbol, qué definición tomamos del concepto. Si vamos a hablar del juego en sí mismo, la literatura no tiene nada que ver. Ahora, si hablamos en un sentido más amplio, por supuesto que sí. Los discursos que toman como espectáculo central el acto deportivo, ya sea el periodismo o la literatura, por ejemplo, son determinantes para ver qué pensamos sobre el fútbol.

Y la literatura hace su contribución, se une con el fútbol en la belleza. Hay partidos que se parecen mucho a los cuentos de Soriano; los dos nos dan placer. Y eso es lo que justifica al fútbol.

P: ¿Qué libro recomiendas en general? No solo sobre deporte.

R: Voy a seguir con lo mismo para ser coherente: *A sus plantas rendido un león*, de Osvaldo Soriano. Es una novela extraordinaria.

P: ¿Tienes esperanzas de que todos volvamos a la normalidad?

R: Sí, creo que sí. Lo más interesante es pensar y discutir qué cosas se van a transformar y, desde el lugar que nos toca a cada uno, en crisis y sin crisis, tratar de aportar para la construcción de un mundo más justo. Me preocupa lógicamente no solo la gente que pueda sufrir la enfermedad del COVID-19, sino también cómo los proyectos económicos y políticos injustos intentarán aprovecharse de la crisis para que los ricos sean más ricos y los pobres más pobres. Eso implica que mucha gente sufra, lo que no quita protagonismo a la pandemia. Pero me parece que está bastante naturalizado que hay gente que tiene y gente que no tiene, y eso es bastante inaceptable. Saldremos de esto. Racing volverá a jugar y volverá a salir campeón. No tengo ninguna duda.

P: ¿Una frase que sirva para despedirte?

R: En la cancha de Racing, todo es mágico.

AUTORES · AUTHORS

Angel M. Rañales Pérez (Mugardos, 1992) is a doctoral student in the Spanish and Portuguese Department at the University of Kansas. He is interested in late-medieval Iberian literature, history and culture, with a particular attention to fifteenth-century athletic practices and fiction. His research also focuses on contemporary multi-folded adaptations, reproductions and productions of the Middle Ages. He is an avid consumer of *fútbol*, in all formats.

Ashley A. Arnold is a recent English Literature graduate from the University of Kansas. Her poems are typically contemporary, feminist, and quirky, however, her poems "The Puppeteer" and "Operation: Vasenka" were inspired by or written in response to Ilya Kaminsky's *Deaf Republic*.

Eric D. Goodman is the author of five books, including *The Color of Jadeite* (Apprentice House Press, 2020*), Setting the Family Free* (Apprentice House, 2019), *Womb: a novel in utero* (Merge Publishing, 2017), and *Tracks: A Novel in Stories* (Atticus Books, 2011). More than 100 of Eric's stories, articles, and travel stories have been published in magazines, journals, and anthologies and he is co-founder and curator of Baltimore's Lit & Art Reading Series. Learn more about Eric and his writing at www.EricDGoodman.com.

Eunice Adorno es una fotógrafa que vive y trabaja en la Ciudad de México. Su trabajo se ha interesado por documentar distintas comunidades en México que en sus formas de vivir y representarse, tienen una obstinada relación con el pasado. La ausencia de memoria de tales grupos sociales hacia sus historias, la ha llevado a la búsqueda de archivos, imágenes, relatos y otros materiales, que le permita reconstruir sus narrativas desde la fotografía y el video. Comenzó a trabajar como fotoperiodista hace más de diez años y ahora trabaja en proyectos documentales a largo plazo y colabora en diferentes medios nacionales e internacionales. En 2011, La Fábrica (España) publicó su libro *Las Mujeres Flores*, un proyecto de dos años en el que documentó las mujeres menonitas en el norte de México, el mismo proyecto recibió el Premio Nacional de Cultura Fernando Benítez (México) en 2010. En 2011 fue seleccionada por el World Press Photo Joop Swart para la Masterclass en Holanda. Ha estudiado fotografía en el Seminario de Fotografía Contemporánea del Centro de la Imagen, en el Joop Swart Masterclass de World Press Photo en Amsterdam, Fotonarrativa y Nuevos Medios en la Fundación Medro Meyer, entre otros. Ha recibido distintas becas como: jóvenes creadores que otorga el FONCA 2009/2010, 2012/2013 y 2015-2016. En 2014 recibió el apoyo para escritura de guion que da el IMCINE. Fue nominada por Susan Meiselas para el premio 2012 Rudin Prize for Emerging Photographers for The Norton Museum of Art in West Palm Beach, FL. Ha formado parte del Programa de Residencias Artísticas, el International Studio & Curatorial Program en Nueva York. Su trabajo ha sido publicado en diversas publicaciones nacionales en libros recientes como: *Sembradores de Paz*, "Una reflexión colectiva para responder a la violencia" editado por Froylán Enciso y Fernando Nieto, "¿Oprimidas o empoderadas? Dónde están las mexicanas del siglo XXI" con textos de Galia García Palafox, Emilienne de León Aulina y Claudia Itzkowich, entre otras y *El libro de las mascotas* con textos de Bernardo Esquinca. También ha colaborado en distintas publicaciones internacionales como: British Journal Photography (UK), New Yorker Magazine (USA) Time Magazine's LightBox (USA), Ojo de Pez (España), GUP (Holanda), Vice (International Edition), Monocle (Londres) Colors, Faz (Alemania), FOCUS (Alemania), FT Weekend Magazine, Die Welt, (Alemania) (Londres) (Italia), Yo Dona (España), Gatopardo (México), National Geographic Travel (México) and Marie Claire (México). Ha exhibido en exposiciones colectivas como: "Enamorados de la mujer Barbuda Ciudad de México a Los Ángeles", "Looking at México" en la galería Kopeikin en Los Ángeles, "Peso Levedad" la cual también se expuso en Praga y Río de Janeiro y en los festivales de fotografía, como: Format Festival en

Londres, Lumix Festival en Hannover, Festival PHotoEspaña en Madrid, Festival Photo Travel Jaipur en India y el Phifest Contemporary Photography Festival en Milán. Actualmente realiza un proyecto llamado "El desecando", donde explorará las construcciones posmodernas de ingeniería hidráulica abandonadas en la CDMX y otros estados del país como "palimpsestos" que verbalizan el estado mismo de su decadencia. Simultáneamente, rastreará los relatos y testimonios que estos lugares resguardan sobre la historia reciente del problema del agua.

Francisco Álvarez Koki (A Guarda, 1957) es un escritor gallego y animador cultural. Autor bilingüe residente en Nueva York, donde fundó el colectivo Celso Emilio Ferreiro, para difundir la cultura gallega. Sus últimos libros publicados en gallego son: *Un neno na emigración* (literatura infantil, ed. Fervenza 2018), *A memoria das palabras* (poesía, ed. Fervenza 2018), *Maruxía* (poesía, ed. Diputación provincial 2010), *Ratas en Manhattan* (narrativa, ed. Sotelo Blanco 2007), *Mais aló de Fisterre* (poesía, ed. Diputación provincial 1999). En castellano ha publicado: *El libro de Lourenzo* (poesía infantil, ed. Sial Pigmalión 2018), *Erótica. Dos.* (antología de toda la poesía amorosa del autor, ed. Sial Pigmalión 2018), *Sombra de Luna* (poesía social, ed. Sial Pigmalión 2015). Participó en los siguientes libros: *Escritores españoles en los Estados Unidos* (ed. Gerardo Piña, Academia Norteamericana de la Lengua Española 2007), *Seis narradores españoles en Nueva York* (narrativa, ed. Dauro 2006), *Geometría y angustia* (Poetas españoles en Nueva York, ed. Julio Neira, Fundación José Manuel Lara 2012), *Miradas de Nueva York* (ed. Cuadernos de El Vigía 2000). Ha sido editor de los siguientes libros: *Piel Palabra. Poetas españoles en Nueva York* (ed. Consulado General de España en Nueva York 2003), *Al fin del siglo, 20 poetas hispanos en Nueva York* (ed. Ollantay Press 1999), *Luna y Panorama sobre los rascacielos* (Poetas españoles en Nueva York, Consulado General de España en Nueva York 2019).

Indira Yadira Ariana García Varela (Chihuahua, 1982) is a doctoral student in the Department of Spanish and Portuguese at the University of Kansas. Her research concentrates on the geneology of the arts and the interrelation of visual and literary images. In 2012, she received her B.A. in Art History, Philosophy and Museum Studies from Arizona State University. Aside of her literary studies, her interests include photography, curatorial studies and critical theory. She is currently affiliated with and teaching in the Universidade de Santiago de Compostela. She has served as editor of *Contrapuntos V*, and editor of photography of *Contrapuntos VI-VII-VIII*.

Julián Scher (Buenos Aires, 1987) construyó *Los desaparecidos de Racing* a partir de, por lo menos, dos formaciones a las que corresponde llamar "académicas". Una la desplegó en las aulas, ya que es sociólogo (Universidad de Buenos Aires, 2013) y completó la cursada de la Maestría en Ciencia Política y Sociología de la Facultad Latinoamericana de Ciencias Sociales (FLACSO). La otra la ejerció en las canchas, igual que muchos de sus compatriotas, como jugador aficionado, observador consecuente de fútbol y, muy especialmente, hincha de La Academia, que constituye el bautismo universal que distingue a Racing. La convergencia de ambas formaciones dio por resultado sus investigaciones, con las herramientas de las ciencias sociales, sobre los vínculos entre deporte, política, sociedad y derechos humanos. De esos temas, además de trabajar en el Departamento de Prensa y en el Departamento de Fútbol Femenino de Racing, se ocupa en los últimos años. De Racing, por supuesto, es desde siempre.

Miguel Ángel Albújar-Escuredo es un escritor barcelonés afincado en América. Le interesa la ciencia ficción y la fantasía, especialmente la fantástica política ficción que todo lo aguanta. Vive con su mujer y su ejército de suculentas.

Patrick Thomas Ridge is Assistant Professor of Spanish at Virginia Tech. His primary research focuses on the representation of sport in Latin American literary and cultural production. He has published on Carlos Monsiváis's chronicles of the 1986 Men's World Cup in *Soccer & Society*, the soccer-themed short stories of Ricardo Chávez Castañeda in *Revista Iberoamericana*, and the Argentine military dictatorship's use of the 1978 Men's World Cup in *Studies in Latin American Popular Culture*. Besides sport, he has also published on the theme of violence in contemporary Mexican and Spanish film in *Diálogo* and *Hispanic Journal*.

Radoslav Rochallyi was born in Bardejov, Slovak Republic. The author finished his studies in Philosophy at the UNIPO (1999–2005) and completed postgraduate Ph.D. studies. Rochallyi has a close relationship with mathematics. In the philosophical essay *Mythra Invictus*, he wrote: "Mathematics requires an active principle, and it is in the mathematical understanding of the world that you can approach perfection."

Sebastian Ocampos (Asunción, 1984) es escritor, editor, maestro y hacedor cultural. Autor del libro de cuentos *Espontaneidad* (2014), distinguido con una mención de honor en el Premio Academia Paraguaya de la Lengua Española 2015. Antólogo de *Paraguay cuenta. Cinco siglos en cuarenta ficciones* (2019). Presidente de la Asociación Literaria Arandu (ALA) y coordinador general del Foro Internacional del Libro de Asunción 2018. Director fundador de la RevistaY.com y el Taller de Escritura Semiomnisciente (TES). Jurado de concursos literarios locales y regionales, entre los que cabe destacar el Premio Itaú de Cuento Digital 2020. En 2017 fue seleccionado como uno de los veintitrés escritores jóvenes de América para el ProyectoArraigo.com. Algunas de sus obras han sido publicadas en periódicos, revistas y/o antologías de Paraguay, Argentina, Bolivia, Brasil, Chile, Colombia, Venezuela, México, EE.UU., España e Italia.

Yuan Hongri (1962) is a Chinese mystic poet and philosopher. His works have been published in journals and magazines internationally in UK, USA, India, Mexico, New Zealand, Canada and Nigeria. He has authored a number of long poems including "Platinum City," "The City of Gold", "Golden Paradise" and "Golden Giant." The theme of his works is the exploration of human prehistoric and future civilization.

Yuanbing Zhang (1974), who is a Chinese poet and translator, works in a Middle School, Yanzhou District, Jining City, Shandong Province, China. He can be contacted through his email – 3112362090@qq.com.

DIGITUS INDIE PUBLISHERS

www.digitusindie.com

EDITORES INDEPENDIENTES

www.ingramcontent.com/pod-product-compliance
Lightning Source LLC
Chambersburg PA
CBHW061107100726
47911CB00012B/437